ソムリエの流儀
−ワインとサービスの現場から学んだこと−

佐藤陽一・著

はじめに

　最初は料理人に憧れてアルバイトで入った飲食業でしたが、多くの先輩や様々な機会に恵まれ、気が付けばソムリエという職を選び、そこからまたいつの間にか年月が流れていました。
　毎日ワインに、そしてもちろん接客業としてゲスト（お客様）に触れる生活を続けてきた中で、"ソムリエ・サービス"という仕事に対してまとめてみては、というお言葉をいただき、気軽な気持ちでコラムを書き始めました。
「ソムリエ・サービスに関することなら何を書いてもいいですよ」ということで、コンクールやら葉巻、ワイン産地に至るまで様々なことを書いてきました。私自身も書く作業の中で、今まで自分が何気なく行なってきた作業の意味や内容について見つめ直したことも多くありました。
　ワインは世界中で造られ、産地や造り手からのメッセージを伴って我々の前に現れてきます（ワイン以外の食材も同様です）。
　ワインを扱う仕事は、毎日同じ場所で仕事をしていても世界からの情報が入ってくるという意味では楽しいし、こちら側に受け入れる意思がある限り、終わりのない、飽きのこない仕事であると、最近は感じるようになりました。
　拙文を介してそんな私の思いを、少しでも感じていただけると幸いです。

　　　　　　　　　　　　　　　　　　　　　　　　佐藤陽一

《目次》

はじめに …………………………………………………………… 3

序章　世界ソムリエコンクールへの道 …………… 9
コンクールへの挑戦／新たな挑戦——コンクールに出る理由／コンクールの対策／日本一の次は世界一を目指す／語学対策／コンクール当日／筆記試験／実技試験／決勝の朝

第1部　ソムリエはサービス業
第1章　ソムリエを目指していた頃

1. 料理の道を志してフランスへ ……………………………… 30
料理の道へ／難航した住まい探し／語学が大事／オフの日の過ごし方／ワイン学校へ入学／ソムリエ協会との出会い／パリでの仕事探し

2. パリ・ノスタルジー ……………………………………… 50
レンズ豆と健康生活と私／ダブリンで過ごした年末／現場での失敗談〜悲しみのロゼ・シャンパーニュ吹き出し事件〜

第2章　ソムリエの流儀　〜サービスの基本から考え方まで〜

1. ソムリエになるために ……………………………………… 58
最初の一歩／一流のソムリエになるには？
【コラム①】ワインの仕事の呼称資格 ……………………………… 61

2. ワインと料理のマリアージュ ……………………………… 63

3. ソムリエがワインを薦める流れ …………………………… 64
ワインリスト〜掲載ワインが少なくても頼みにくいし、多いと選びにくい〜／ワインをお薦めする方法①一般編／ワインをお薦めする方法②マクシヴァン編／ワインリストを出さない理由／食前酒の選び方が大きな手がかりに／グラスワインをブラインドで出す理由

4. グラスが引き出すワインのおいしさ …………………………74
グラスとワインの関係／ワインにはいろいろな表情が存在している／グラスのタイプ／ワインの個性を探るためには／グラスの厚み／持った際のバランス／グラスの特性をみる／料理に合わせるためにグラスを選ぶ／グラスを決定するためにまず行なうこと／ワインのコンディションを探る／サービスの段取り／いよいよグラスに注ぐ

【コラム②】マクシヴァンで毎日使っているグラス …………………………88

5. テイスティングについてのあれこれ …………………………93
テイスティングはなぜするのか？／完璧なテイスティングは存在するのか？／プロの行なうテイスティング①試飲会場で試飲する／プロの行なうテイスティング②造り手と一緒に樽や瓶から試飲する／プロの行なうテイスティング③サービス方法の決定／ワインの外観を感じ取るためのより細かいポイント

6. よりよいワインを提供するために
～ワインボトルを振って香りと味わいを育てる～ ………………… 101
ボトルを振るとはどういうことか？～そんなに荒い技ではないんです～／ワインの振り方講座①白ワイン編／ワインの振り方講座②赤ワイン編／ワインの振り方講座③ロゼワイン編／ワインの振り方講座④振ってはいけないワイン編／ワインの振り方講座⑤レストランでのサービス編／ワイン以外の飲み物を振る

7. 買い付けと在庫の管理 ………………………………………… 109
買い付けは店の個性を決める／"抜栓してすぐにおいしい飲み頃"を考えての買い付けとは？／"今はまだ自分探し中"のワインを買い付ける／"おいしい飲み頃"が長く続くタイプも備えておく／在庫管理の難しさ

8. ヴィンテージの考え方 ………………………………………… 115
"今年の出来栄え＝ヴィンテージの評価"の予想／天気との関係／購入すべきかを見極める判断基準／誰がワインを決めるのか？／マクシヴァンの"ヴィンテージ評価"に対する評価

【コラム③】飲み頃についての考察 ………………………………… 123

第3章　日々是学習　〜ソムリエを続けていくために〜

1. サービスを身に付けるには　　　126
日本のフランス料理店でのサービス今昔／現代の飲食店でのサービス／海外と日本でのサービスの違い／気持ちの良い"サービス"を行なうには

2. ソムリエとして知っておいた方が良い知識　　　134
まずは料理を知る／ゲストを覚える／ゲストとの会話を弾ませるために
【コラム④】私が葉巻に目覚めた頃　　　138

3. 産地を訪ねる　　　145
産地訪問の意義／万全の準備を整える／産地での思い出①ボルドー：61シャトーを訪れました編／産地での思い出②ボルドー：テイスティングは続く編／産地での思い出③レストランでの至福のひと時編
【コラム⑤】産地訪問必携グッズ　　　167

第4章　理想のソムリエ像

1. ソムリエとは、一流のサービスマンである　　　170
ソムリエという仕事から見えてくるサービス業というもの／各職種におけるサービスの意味を考える

2. 理想のソムリエ像とは　　　172
考察するにあたって／知識や経験が豊富／経営面も理解する／同じ店にとどまる・別の店に移る／伝統国フランスでのソムリエの印象／日本で行なうべきソムリエの仕事／ゲストが望む"理想のソムリエ像"とは？／結論：理想のソムリエ像はひとつではない
【コラム⑥】サービス業って歩くこと？　　　183
【コラム⑦】現場に立ち続ける意味　　　186

第2部　ソムリエのノウハウでワインを楽しく

第5章　ワインとある生活

1. ワインの効能について ………………………………… 188

2. 自分に合ったワインの買い方とは？ ………………… 190

3. きわめて基本的な飲み方について …………………… 193
"適温"とは何℃くらいなのか／ワインを適温にするために

4. ワインを保存するには？ ……………………………… 198
【コラム⑧】予想と違ったワインを買ってきてしまった
　　　　　── そんな切ない時のために ………………………… 201
【コラム⑨】ワインのいろいろな楽しみ方 ……………………… 204

第6章　名醸ワインを楽しむ

1. ブルゴーニュワイン …………………………………… 212
フランスを代表する名醸ワイン／ブルゴーニュワインの分類／シャブリの格付け／おいしさの秘密はテロワールにあり⁉／食の楽しみ
【コラム⑩】ブルゴーニュ産地伝説 ……………………………… 223

2. ボルドーワイン ………………………………………… 226
ボルドーを支える川／ボルドーワインの格付け／ボルドーの思い出

3. シャンパーニュ ………………………………………… 230

4. アルザスワイン ………………………………………… 233
3つ星レストランでの研修／おいしさの秘密

5. マデイラワイン ………………………………………… 237

6. ヴァン・ジョーヌ（黄色いワイン） ………………… 240

7. 世界のワイン …………………………………………… 242
ドイツ／オーストリア／イタリア／スペイン／ポルトガル／ギリシャ／南アフリカ／オーストラリア／ニュージーランド／チリ／アルゼンチン／アメリカ〜カリフォルニア・オレゴン・ワシントン〜／日本／そのほかの国々
【コラム⑪】甘口ワインについて ………………………… 257

第7章　もっとお酒を楽しむ

1. ビールの季節 ……………………………………………… 260
2. コニャックは小ぶりのグラスで ………………………… 262
3. テキーラのおいしい飲み方 ……………………………… 265
4. カルヴァドスの魅力 ……………………………………… 268
5. 世界で最も有名なリキュール、シャルトリューズ …… 270
6. ウイスキーは自分の好みで ……………………………… 273
7. バーボンが引き起こす現象⁉ …………………………… 275
8. ウオッカでカクテルを楽しむ …………………………… 276
9. ジンをあえてストレートで ……………………………… 277
10. 海賊に愛されたラム …………………………………… 278

【巻末特別付録】
1. マクシヴァン流　ワイン専門用語講座 ………………… 280
2. マクシヴァン流　品種の分別法 ………………………… 284

あとがき ……………………………………………………… 286

装丁・ブックデザイン：栗原滋（株式会社ダン）
デザイン：佐々木亜紀（株式会社ダン）
地図製作：高橋俊浩（小学館クリエイティブ）
本文ページ写真撮影：佐藤陽一／大久保恵造／五十嵐美弥（小学館）
編集：中村昇（小学館）／上田亜矢（株式会社ダン）
制作：後藤直之　資材：池田靖　制作企画：直居裕子
宣伝：青島明　　販売：奥村浩一

参考資料『日本ソムリエ協会 教本 2010』社団法人 日本ソムリエ協会刊

序章　世界ソムリエコンクールへの道

コンクールへの挑戦

　ソムリエには、大きな目標にもなり、また仕事を続けていくうえでの大きな励みにもなる"コンクール"というものがあります。

　コンクールといっても、産地ごとのワインに対するコンクール（フランスのロワール〔Loire〕ワイン・コンテストなど）や各国のメーカーや商務部が主催する世界中の飲料（シェリーなど）を対象にしたもの、スペインやイタリアのワインのみに特化した不定期開催のコンクールなどがあり、それらを目指すソムリエにとっては通常業務に加えて勉強やらなにやらで忙しい日々が続きます。

　その中でも、コンクールに出場するソムリエの最終的な目標は"世界最優秀ソムリエコンクール"でしょう。この大会はサッカーのワールドカップのように主催国を毎回変更して、3年に1度行なわれています。

　私がコンクールを意識し始めたのはかなり昔で、約20年前のことでした。現在は開催されていませんが、当時はフランス食品振興会[※1]（SOPEXA）の主催でフランスワイン最優秀ソムリエコンクールが2年に1度行なわれており、最も権威あるタイトルだったように思います。このコンクールの特徴は、"フランスで造られている飲料や食材のみ"が出題される点で、合格するためには産地別に細かく覚えていく必要がありました。また、出題範囲は飲料に限らず、食材や地方の特産品に関することも含まれるため、普段からバターやらゲランド（〔Guérande〕

フランス北西部・ブルターニュ〔Bretagne〕地方）の海塩[※2]やらブレス（〔Bresse〕フランス南東部・リヨン〔Lyon〕の北）の鶏[※3]やらについても、こまごまとした情報を集めなければなりませんでした。

　ほかに挑戦したコンクールとしては、"ポメリー ソムリエスカラシップ"がありました。シャンパーニュ（Champagne）・メーカーがイニシアチヴを取って"新しい才能を発掘していきましょう"という趣旨で運営されているコンクールです（2008年度まで開催）。国際コンクールを目指すソムリエにとっては、「まずはこれに出て勝ってから世界を目指してがんばんなさい」といった登竜門的な役割を果たしていました。

新たな挑戦── コンクールに出る理由

　フランスに渡って３年が過ぎ、パリのソムリエ協会のメンバーになって２年が過ぎ、料理人としてではなくソムリエ・サービスの道で生きていこうと決心して帰国しました。その頃の私にとって全日本最優秀ソムリエコンクールというものが、大きな意味を持つようになりました。いきなり押しかけてきたどこの馬の骨とも知れないアジアの青年を引き受けてくれたパリのソムリエ協会や、信頼して研修させてくれたビストロ・デュ・ソムリエ（Bistrot du Sommelier）のオーナーであるフィリップ・フォール＝ブラック（Philippe Faure-Brac）氏、私生活で大変お世話になった空手の先生をはじめとする道場の皆さん。そんなフランスでお世話になった人々に、「佐藤と知り合えて良かった。佐藤の面倒を見てやって良かったな」と思ってもらうためにも優勝しなければならないと思っていました。コンクールで

しっかりと結果を出すことで、感謝の気持ちを表わそうと考えていたので、たとえ結果がすぐに出なくとも「次も頑張ろう」と思えるほど強いモチベーションになっていました。

　しかし、そんな私もさすがに3年に1度行なわれる、言い換えると3年に1度しか行なわれない全日本最優秀ソムリエコンクールの大会で、2大会連続で結果が出せなかった時には「そろそろコンクールに挑戦するのはやめようかなぁ」と思いました。特に2回目は決勝審査の5名には残ったものの3位に終わり、結構がっくりときていました。あまりコンクールのことばかり考えていると、「あれもこれも覚えなきゃ！　これは調べておかないと！」という状態になってしまい、毎日の仕事、つまりワインそのものに対してあまり楽しいと思えなくなってきてしまうという理由もありました。

　少しずつ地道に計画を立てて勉強すればいいのですが、経営者として毎日店に出ていると雑用も多く、思うように時間が取れないこともしばしばです。すると、テンションも右肩下がりですべり落ちそうになってしまい、今度はそのことに対してイライラが始まって、そこから集中できなくなってしまったり……。そんなことを言い訳に、コンクール人生はもういいかなと思うようになったのです。もう少しゆっくりとワインの本を読みたい、1本のワインに対する理解力を深めるためにコンクールにはおそらく出題されない産地のものであっても自分が興味を持っている事柄に対して調べていく時間を大切にしたい、ゆっくりと掘り下げられるようなワインとの付き合いを目指したいと考え、その時点で「ここからはコンクールとは違う道を選ぼう」と自分なりの決着を付けました。

しかし、コンクールに出ないと決めてしまうと、今度はなんとなく手持ち無沙汰な感触に襲われました。手のひらがかすかにかゆくなるような微妙な焦りが襲ってきて、今度はなぜか落ち着かないんですね。ワインをゆっくりと掘り下げることができる時間が取れたのはとても幸せなことではあったのですが、「本当にもうこれでいいの？　悔いはないの？」という、どこからともなくわいてくる気持ちの存在に自分自身が気付いてしまったのです。

　ほかのことならともかく、自分自身の考えに気付いてしまうと、もう嘘はつけません。コンクールに挑むだけのエネルギーを自分がまだ蓄えていたことを少しうれしく思いもしました。そこで、次のコンクールの参加を最後にして、その分悔いの残らないようにしようと方向性を転換しました。

「よし早速やるぞ！」と意気込む精神チームと比べると、「またあのしんどい日々が始まるんだなぁ」と①腰が痛み、②肘も痛くなる、③目も疲れる、④肩もこって大変な、机へと向かう道のりに対して肉体チームは抵抗気味です。無理もないことです。あまり前半から飛ばしすぎてゴール前で速度が落ちても嫌ですし、ゆっくりと再スタートを切りました。「では、始めますかな」というぐらいの気持ちは、"人生をかけた再スタートの第一歩"としてはどうなんだろうなーと思いつつ、嫌がる体をなだめつつ、ゆっくりと重い腰を上げ、机にそろそろと進んでいきました。

コンクールの対策

　目標が決まると次は対策を練らなければなりません。

　ソムリエコンクールというとブラインドでのテイスティング

と思われる方が多いと思います。勿論それはとても大きな要素のひとつですが、そのほかにも実技試験というものがあります。実際のレストランで働いている状況を想定し、「しっかりした重い赤ワインを頼んだゲストが、メインの料理に白身の魚を食べたいと言った場合、どのように対応するか？」とか、「シャンパーニュが冷えていない場合どうすれば良いかを、サービスの手順など実際に示しなさい」といったものまで、実際の現場で起こりうる問題や課題に対しての反応を見られます。

　こういった質問に対しては普段のサービスでの経験や考え方が影響するので、普段からいろんなことに気を付けて"現場で働いて考えながら経験を重ねていくこと"しかありません。急に取り繕って普段やっていないことをしようとしても、やはり審査員にはわかってしまうので、なかなかに恐ろしい問題です。

　それ以外には筆記試験が大きなポイントを持ちます。

　ワインの筆記試験には、どのような対策をするのか？　答えはひとつだけ。悲しいほどに暗記です。

　試験当日、「いきなり記憶の天使が舞い降りてきて、私にだけ微笑んだんです。とってもラッキー」なんてことは絶対にありえません。ひたすらこまごま覚え込む、これしかないのです。

　本や資料を片っ端から覚え込むという作業が、延々と続きました。ワインの世界では、毎年なんらかの新しい産地や品種などが加わり、レギュレーション（規制・規則）も変わることが多いので、絶えず最新の資料を集めて正確に覚えていかなければなりません。資料集めも、ネット上の膨大な情報から信ずるに足りると認められる出典を探し、まとめていかなければなりません。この作業にも結構な時間がかかります。

私の店は基本的には日曜日にしか休みがないため、時間をたっぷり使って仕上げるということは物理的に無理です。なんとかまとまった時間をやりくりしたり、たまに店が暇になるとここぞとばかりに集中して覚えたり（経営は大丈夫？）と、恥ずかしい結果を残したくはなかったので勉強時間の捻出には工夫を重ねました。

　そうこうして臨んだ2005年の全日本最優秀ソムリエコンクール。なんとか念願の優勝を勝ち取ることができたのです。そして、自動的に、2007年第12回世界最優秀ソムリエコンクールの日本代表者に選ばれたのです。

日本一の次は世界一を目指す

　なんとか日本の代表権は得たものの、これからはツール・ド・フランスの自転車レースの山岳地帯のような、さらに登りの傾斜がきつくなるような印象を受ける世界コンクールに向けての準備を始めなければなりません。私自身としては代表になる前までは"そんなに大変"とか"厳しい毎日"とはあまり考えてはいなかったものの、やはり日本の代表として出るんだなというところを考えると、責任というものを急に感じるようになりました。

　世界コンクールの問題、すなわち過去問題というものは一切公表されておらず、毎回傾向も変わります。基本重視で細かく書かせる問題が多い回もあれば、かなりレアな場所を突いてきたりと方向性がないため、ヤマを張っておくと痛い目を見かねません。したがって、なるべく均等に細かく覚え込んでいくのですが、残念なことに世界コンクールには範囲というものはほ

とんどありません。各国代表に不利になることがないように、出場する44か国に関する事柄からそれぞれ最低1問は必ず出題されるということが決まっているぐらいです。それ以外の国の食材やチーズ、コーヒー、葉巻、食後酒、紅茶、中国茶についての出題は勿論のこと、「スペインで栽培面積が最も広いオリーヴの種類は？」という問題に至るまで、レストランに関係しているものであればどんなことでも出題していいという、いわばなんでもありな世界です。

フランスワインの問題に関してはフランス代表が強いでしょうし、ドイツに関する問題にはドイツ代表が完璧なわけです。世界各国から44人の代表が出てくるので、問題を作成する方も大変です。それぞれの国にえこひいきが出ないように、地図や品種など、各国の問題を落とし込まなければなりません。そのため、覚えなければならないことが多すぎて、私の細い両肩ではなかなか背負いきれません。

ポーランドやらベルギーなどについても資料を集めて細かく見ていくのですが、「ここはあんまり出題されないかもな、もっとイタリアを見ておくべきでは」とか、「やはりギリシャ大会だからお隣のトルコは見ておかないと。でもメンタリティーを考えると、逆にトルコは出ないかな」となんの根拠もないのになぜか自分を納得させようという考えが浮かんできて、そのたびに「いやいや基本基本」と自分に言い聞かせては、少しずつまとめて覚えていきました。

語学対策

コンクール対策には、やはり語学が大きなポイントを占めま

す。こちらも時間を必要としました。

　使用言語はフランス語か英語。開催国は自国の言葉で受けられるということなので、その回はギリシャ語も使えました。私は3年住んでいたというノスタルジーから帰国してからもずっとフランス語でコメントを書いていたので、迷わずフランス語を選びました。コンクール用にコメントやら説明やらを作り上げるためには、電子辞書の翻訳機能をフル稼働して文章を組んでいくのですが、とても時間を必要とするものでした。

　語学については、あまり胸を張って自慢できるレベルではないのですが、3年間のフランス滞在時に頑張って覚えた単語や文章をなんとか忘れないようにと維持してきたと言った方がイメージ的には近いのではないかと思います。日本に戻ってから働いたレストランにはありがたいことに2店続けてフランスからのスタッフがいました。そのため、なんとなくはフランス語というものを使う機会がありましたが、彼らにはわかりにくいかなという場合には英語を織り交ぜたりして意思の疎通を図っていたので、そんなにこちらが苦労してフランス語だけを使わなくとも、というレベルにとどまっていました。ただ、ワインのコメントの単語に関してはいつもフランス語で書く癖を付けていましたし、忘れそうになると本を引っ張り出して確認していたので、コメントの用語はそんなに錆付かずに済んだのかなと思います。

　ただし日本代表として国際コンクールに出るには、ワインに関係する特定の単語だけでなく、会話もある程度恥ずかしくないレベルには上げておかないと…と考え、コンクール前の半年間は語学のレッスンを頼んで店に来てもらっていました。おか

げで、営業開始の時間まで、毎回店の中でぐったりすることになりました……。

　単語と会話については、集中して鍛えられる良い機会に恵まれました。世界最優秀ソムリエコンクールの日本代表に決まった際、ご褒美としてコンセイユ・ドゥ・グラン・クリュ・クラッセ（Conseil des Grands Crus Classés en 1855）という団体から招待を受け、1週間で61シャトー以上を訪問することになったのです（153ページ参照）。

　あんまり控えめに奥ゆかしくする年齢でもないですし、現地のシャトーでは「私はこう思うけれどもこの単語の使い方で良いのか？」とか「もう少しこのニュアンスを伝えるにはどちらの表現が良いのか？」などと、わりとしつこく細かく確認していました。毎日10以上の造り手を回るので、絶えず話を聞き、こちらからも話をしなければならない環境に身を置けたことが良い練習になったと思っています。

コンクール当日

　コンクールは、2007年5月にギリシャのロードス島で行なわれました。朝の7時に集合し、8時前から白ワインと赤ワインのコメントをそれぞれ10分で、A4サイズの紙に外観、香り、味わいなどの特徴を丁寧に書いていきます。最後には、このワインがどこの国のもので、ブドウ品種はなんというものか、温度やグラスの形状など、どのようにサービスするべきなのかをまとめます。

　その後は一皿料理が出され、どちらのワインとの相性が良いのかを自分なりに分析してコメントを書かなければなりません。

料理は春巻きのようなものに、野菜のグリルが添えられたもので、浅葱とバルサミコ酢のようなものがかけられていました。意外とこういったあしらいがポイントになることが多いのですが、チラッと横目でほかの人の皿を見てみると、たっぷりとかけてある人や少ない人がいました。アバウトというか、さすがギリシャというか、こんないい加減でいいのかな？　などと考えたりもしました。付け合わせとメインに分けて相性をまとめ、さらに全体としての自分の意見をしっかりと、これも細かく書き込んでいきます。

これが終わったところでいよいよ難関の筆記試験です。

筆記試験

ソムリエの試験では、レストランにあるものであれば何を出題してもいいので、ワイン以外に食後酒、コニャック（Cognac）、カルヴァドス（Calvados）、ラム（Rhum）は勿論のこと、コーヒー、紅茶、カクテル、オリーヴオイル、葉巻、バターや塩などの食材に関するものまで、すべてが出題範囲になります。

基本的なことが多く出題される年もありますが、私が挑戦した第12回大会は残念ながらとっても難しい年に当たってしまったようでした。試験開始の合図で急いで全体に目を通していくのですが、「おいおいどれから答えればいいんだ」みたいな感じで、見たこともないような村の名前や固有名詞がずらっと並んでいました。「これは少しまずいかも」と思いながらも、全体を見回すとどの選手もわりと同じような感じでいたので、「この問題ではみんなもできないから、後の実技でいかに点を取るかにかかってくるな」と意外に冷静に判断をしている自分がいました。

レバノンやスロヴェニアの地図に苦しんだり、国ごとの個性的な飲料の造り方などの質問にしっかりと書き込んだりしながら、あっという間に1時間45分が過ぎていきました。
　筆記試験と実技試験の間に休憩が挟まれたのですが、選手同士でも「あの問題はきついねー」「もう少し努力が報われるような問題にしてくれないとね」などと言い合っていました。

実技試験

　選手は試験の最初に抽選によって番号が振られ、その順番で審査が進められます。私は31番目でした。実技試験にひとり約10分かかるとして、審査は単純計算でも300分（5時間）後。実際には審査員の休憩などで、もっとかかってしまいます。待合室はわりと広い部屋で、ここでじっと集中しながら過ごします。受験番号が遅く、後半に呼ばれる選手はわりとのんびりした感じでしたが、前半の選手はやはり黙り込んだ様子で集中しています。私はわりとリラックスしているものの、頭の中ではいろんな状況を想定して実技に備えました。
　実技試験のための受験番号を呼ばれたのは筆記試験が終わってからすでに5時間以上過ぎた頃でした。まずはサービスの実技試験があり、ブラインドの審査が続きます。
　係りの人に誘導されて廊下を少し歩き、試験会場の扉を開けると机の前には審査員が3人、やや疲れた表情で並んで座っていました（彼らは44名の参加者全員の審査を見なければなりません）。「ああ今回は3人で見るんだ。それぞれの役割はどうなっているのかな？」と漠然と考えながら部屋の中央に進んでいきます。

いよいよ実技試験の本番です。

まず、最初の課題は「1982年のシャトー・マルゴー（Château Margaux）をデカンタージュ※4（Décantage）しなさい」というものでした。シンプルな問題ながら、普段からの基本動作が問われる問題です。ワインの収められている冷蔵庫を静かに、振動のないように開けるところから審査は始まっています。

デカンタージュの問題は、日本のコンクールでも出されることが多く、どちらかといえば国内の方がより細かいところを見るため、慣れているといえば慣れている設問です。しかし、見るポイントが異なってくるとは思うため、自分がどう考えて作業を進めているのかが審査員に伝わるように、説明を適宜入れながら作業をします。

会場をよく見ると、すでにグラスは机の上にセットされている状態なので"なるべく早く正確に"というのが目的なのだろうと想定し、ホストへの味見から、注ぐ順番などに気を付けて進めます。一定のリズムで、しかも同じ量を各グラスに素早く注がなくてはならないので、ここでどうこう考えるよりも普段から店で行なっている感覚を思い出し、こぼさないように同じリズムで進んでいきました。

この作業が終わったところで、設問が書かれた紙が渡されます。ビオ・ワインに関する内容について正しいのか間違っているのかを答えなさい、というものでした。少し意味の取りづらい単語があって焦ったりもしましたが、2分以内に5問の答えを、という設定だったのをなんとか乗り切りました。ここで、この部屋での審査は終わり、次の部屋に向かいます。

次の部屋に入ると、テーブルの上には白ワインらしきものが

グラスに入れられて、ぽつんとひとつだけ置かれていました。「ここにワインの入ったグラスがあります。5分以内にコメントをしてください。何か質問はありますか？ それでは始めてください」と、相変わらずここでも余計な説明はなく、とてもシンプルに始まります。「ついにこの時が来たか」と、軽く深呼吸をして、周りの窓や天井からの光源の位置を確認して、ワインの輝きや液面のゆれが見やすい位置にグラスを持っていくように意識しながら、慎重に特徴を感じていくことに集中します。「よーし、銘柄を当ててやるぞ」というよりも「さて、今回は何が出されているんだろうか？」という落ち着いた静かな期待感があることに自分自身少し不思議な感覚を覚えながら、液体に目をやり、深く集中していきます。

　まずは第一印象。外観は透明で輝きがあって澄んでおり、若いヴィンテージの印象。酸化のニュアンスがあまり見られない。緑色がかっているので果実の表現を選ぶ際に"レモン"を用いるというよりも"ライム・イエロー"の色調を基点とした説明を始めます。

"粘性も中程度"。粘りが強いとか、ジョンブ[※5]（Jambe）が強く見られるなどのわかりやすい要素は感じられない。ただしディスク[※6]（Disque）は少し厚く感じられる。「この要素は何を意味しているのだろう？」「ディスクに厚みが出やすい品種なのか？」「もしかすると軽い甘みがあるのか？」「良い年？」「日照量の多い産地？」「自然派のニュアンスのため？」など考えが次から次へと浮かんできます。しかし、そういった先入観に追い着かれないように、ゆっくりと丁寧に真実のみを答えます。少しゆっくり気味なのですが、この辺りまででおおよそ

30秒から40秒を使います。

　これらの可能性のある特徴に備えて、確認を取るために香りのアタックを慎重に嗅ぎます。やわらかく控えめ、香りの個性も強くない。だったら何から説明するか？

　香りの印象の最初の説明はとても重要です。選手がこのワインに対してどれくらいの精度で答えることができる選手なのか、すなわちどれくらいの実力者なのかを判断する第一印象とされてしまいます。この時点でこの選手は今ひとつだなと思われると、審査員自体の集中力が途切れてしまうため、そこから挽回していくのはかなり困難になってしまいます。逆に、最初の説明が説得力を持ちうまく入っていける、すなわちここの時点でのポイントが高いと、「おー、そう来るのか」と審査員も最後まで細かく聞いてくれる（はず？）ので、その後の加点もされやすくなる（はず！）と作戦を立てて臨んでいました。

「柑橘系までのはっきりとした酸はないが、ここではやわらかい酸味の存在を一応は説明する必要がある」。さらに「アプリコットまでの甘みはないが、白い果肉の果実の備えている酸味と甘みの特徴は伝えないと点がもらえないな」と、受けた印象や考えをいかに言葉に置き換えるかに気を配ります。

　結局ここでは"洋ナシや黄色いリンゴの酸と甘み"に置き換えて説明しました。「アプリコットもついでに言えば良かったかな？ でも外観でグリーンを使っているので黄色の果実を使うのは印象的にどうかな？」と反芻しながらも、「もう今更しょうがない、次に進まなくては」と時間も気にしながら進める判断を下します。ここでも大まかに40秒から1分少しぐらいの感覚で進めています。

しかし追加で、つまり加点への押さえの意味で「白い花の香りはあるものの全体の香りの強さや量に関しては多すぎないニュアンス、心地良いまとまり」と進めていきます。
　"ミネラル"やその他の必要な単語はしっかりと的確に伝えられたと判断して、これ以上ここで変に時間を取らずに味わいのコメントに行くべきと判断。ゆっくりと決まった量を口に含んで、第一印象を取り、どの方向性のコメントを使っていくのかを慎重に判断します。もう一度今度は少し長めに口に含んで、細かい点を確認したうえで発言していきます。
　「味わいのアタックは滑らか。外観や香りから受けた印象と大きく異なる要素は感じられない。酸味も心地良くまとまり、アルコールのヴォリューム感も強すぎず、心地良い酸味が常に舌の上に表現されている状態で、そこから長すぎない余韻へと続きます」と味わいのコメントに求められる要素を落とさないように進めていきます。ここでも1分くらいの目安です。
　"合わせる料理"や"なぜそれを薦めるのか？"という理由を説明し、そこからこのワインの良さを引き出すためのサービスの手順、またその方法、注ぐグラスのサイズ、飲み頃の判断、アルコール度数と、急ぎすぎないように、そして"答え漏れ"のないように説明を続けながら、「うーん、この品種はなんなんだ」と頭の片一方で考えています。ここで残りが約1分になり、私の頭の中で大きな時計の秒針がカチカチと音を立てて正確に進んでいます。
　私のやり方では品種決定においては消去法を用いることが多く、この時も頭で考えていたのは「緑色がかっていて強すぎない酸味と強すぎないアルコールのヴォリューム感を備えてい

る」というのがポイントであるので、以下のように考えていきました。

①この色合いでフランス・ロワール地方のシュナン・ブラン（Chenin Blanc）であるなら、もう少し黄色みが出るはずだし、そうすると香りにアプリコットやもう少し蜜のニュアンスがわかりやすく出るはず。

②シャルドネ（Chardonnay）の個性には乏しい。しかしすべて打ち消すだけの確認も取れないので一応は保留してシャルドネという考え（例えば昼と夜の温度差が激しい産地であるとか）も生かしておく。

③アルザス（Alsace）系の品種にある香りには少し及ばない。味わいも少し違って感じられた。

④わりとモダンな醸造方法（酸化を抑える、ステンレスによる温度管理された発酵など）を用いているように感じられる。

⑤ソーヴィニヨン・ブラン（Sauvignon Blanc）も少しは疑ってはみるものの、メトキシピラジン※7による、浅葱のような葱のような特徴には少し及ばない。

ここからイタリア品種や、最近話題に上ることの多くなったオーストリアのグリューナー・ヴェルトリーナー（Grüner Veltliner）を含めて「あーでもない、こーでもない」とその他の国も駆け巡りますが、アルコールのヴォリューム感が控えめなため、オーストラリアやチリなどの"体力あります"系の白ワインは最初から選択肢の中には入れていません。大体ここまでの考えで20秒ぐらい使っているので、そろそろ結論を言わないととんでもないことになるので、強引にまとめます。

「品種はスティーン（〔Steen〕南アフリカにおけるシュナン・

ブランの呼称)、国は南アフリカ」。

　審査員はここでも少し疲れたような表情は崩さず、「あー、そう来たのね」みたいな感じで、なんやら書き込む作業を続けるだけです。そこで審査員の疲れた表情に陽光が射し込んだようになり、やさしく微笑んででもくれると「よしやったぜ！」とでも言いたいくらいの気持ちになるのですが、そうはうまくはいかないものです。代わりに「はい、時間です」と事務的に告げられ、うまくできたような、だめだったような微妙な感触を残したまま部屋を出ます。

　この審査が終わった時点でもう夕方です。朝早くからの筆記試験から続いた長い１日は終わり、代表に選ばれてからの長い日々も静かにじんわりと終わりを告げます。

　その日のロードス島の空は、どんよりと曇りがちであまりすっきりしない天気であったことを、こうして書いているうちになんとなく思い出しました。

決勝の朝

　いよいよ決勝です。

　朝９時からミネラルウォーターとシラー（Syrah）という品種についての審査があるので、選手は参加するようにと言われていました。コンクールには直接は関係がないのですが、スポンサーからの要望もありこのようなエキジビジョンが設けられたようです。

　このミネラルウォーターの審査で、私は３位を受賞しました。多くの方からミネラルウォーターの試験って何をしたのかと訊かれるので、少し説明をしたいと思います。

試験は完全に筆記のみで、ブラインドで水を飲んで当てるといったことはひとつもありませんでした。例えば、「この料理にこのワインを合わせた場合、どのミネラルウォーターを合わせれば良いでしょうか？」というように、筆記で答えていくものでした。選択肢から正解を選ぶという出題のものも少しはありましたが、それ以外は考え方や提供に当たっての細かい留意点（温度、グラスの形状）などが問われた試験内容でした。

　ミネラルウォーターの審査の後は、ギリシャワインのフリーでのテイスティングなどが行なわれました。決勝で出されるかもしれないので、選手は一応ポイントになるような品種をしっかりとテイスティングをしたり、最近のワイン造りについて造り手に直接訊いたりと、それぞれ忙しく過ごします。

　そして、決勝が始まりました。

　午後3時には集合がかけられ、選手が集まります。まずは身長順に並んで入場の練習をしたりと楽しいリラックスした雰囲気で過ごし、その時を待ちます。

　クイーンの「ウイ・アー・ザ・チャンピオンズ」の曲に乗ってにこやかに入場します。

　世界戦の発表というのはわかりやすく、そして少し残酷です。まず全員がステージに上がり、名前を呼ばれた人からステージから降壇していくというスタイルで、名前を呼ばれなかった4人が決勝の審査に進みます。

　わかりやすいといえばわかりやすいのですが、なかなか厳しいシステムで、ドキドキしながらひとりずつ国名と名前を呼ばれて降りていきます。半分を過ぎ、残り10人ぐらいになってくると、最初は選手であふれていたステージも広々と感じられ

るようになります。残り6人。ここで強豪のカナダ代表が降りていき、ステージには私を含む5人が残されました。

"マスター・オブ・ワイン"という資格保持者でもあるイギリス代表。彼はヨーロッパ・ベスト・ソムリエも取っているため、この世界戦で勝てば、彼のキャリアは完璧なものになります。

少しおとなしい印象を受けるスイス代表。彼は複数のコンクールでなぜか毎回2位になってしまっている不遇の人です。しかし、語学にも強く、今回こそはとの見事な集中力を見せています。

大柄なスウェーデン代表。彼は前年度のヨーロッパ・ベスト・ソムリエに選ばれ、母国スウェーデンでは5回か6回続けて優勝している逸材です。2006年に『TASTED』というワイン雑誌の仕事でボルドーに行き、一緒にテイスティングをしたことがあるのですが、体力もあり、的確なコメントをしてくる人です。

毎回優勝のプレッシャーと戦わなくてはならないフランス代表。リュイナール（Ruinart）というシャンパーニュ・メーカー主催のコンクールでは2位に着けている、今伸び盛りのソムリエです。

そして"私"の5人。

しかし残念ながら、ここで名前を呼ばれてしまい決勝には進むことができませんでした。

優勝したのは　スウェーデン代表。思い返せば、ブラインドテイスティングの結果が勝敗を分けた感じになりました。残念ながら最後の審査ができなかったので、心残りも勿論ありますが、それ以外にも多くのことを改めて学ぶことができたように思います。それらのことを今度は日常の業務に生かしていきたいと考えています。

※1　フランス食品振興会：SOPEXA=Société pour l'Expansion des Ventes des Produits Agricoles et Alimentaires。フランスの酒類、食品の価値を高め、輸出促進を図るために設立されたフランスの機関。

※2　ゲランドの海塩：フランスのブルターニュ地方で、昔ながらの塩田により生成されている海塩の名称。

※3　ブレスの鶏：名声を馳せるフランスの鶏。えさや飼育方法、出荷までの飼育期間などに細かい規定がある。この鶏を使った料理には"ブレス産の鶏を使用した〇〇〇"と産地表示されることが多い。

※4　デカンタージュ：ワインを違う入れ物に移し替える作業。ワイン中に存在する滓を取り除き、温度を適正にするために行なう。空気に触れさせるだけの目的では"トランスヴァーゼ（Transvaser)"と呼び名を変えることもある。

※5　ジョンブ：ワインをグラスに注いだ際に、グラスのふちにできる流れる跡のこと。粘性が高いワインの場合「数が多く厚みがありゆっくりと流れるジョンブがある」という表現で表わす。

※6　ディスク：ワインをグラスに注ぎ、液面を目の高さに揃えて横から見た場合に見える、表面にできる厚みのこと。ワインの粘性によって厚みが変化する。

※7　メトキシピラジン：ソーヴィニヨン・ブラン品種によるワインに現れやすい特徴的な香り、"浅葱、シシトウ、杉の葉"などを構成すると言われている香りの物質名。

2007年第12回世界最優秀ソムリエコンクール
ギリシャ大会参加の盾。

第1部
ソムリエはサービス業

第1章

ソムリエを目指していた頃

1. 料理の道を志してフランスへ

料理の道へ

　料理の道への第一歩は、学生時代でした。「ご飯がしっかり食べられる」というわかりやすい理由からお好み焼き屋さんでアルバイトを始め、キャベツを刻んだり玉子を割り入れたりと裏方で働いていました。そんなある週末の土曜日、前を向く暇もないくらいに仕事に忙しく追われてやっと一息ついた時に、ふと前を見ると、満席の人々がカウンターでおいしそうに、そしてとても楽しそうに食べているのが目に入りました。その時、「食べるものを提供する仕事っていいもんだな」と漠然と感じたところから、私の料理に対する興味が始まっていったように思います。

　それからはいろんな場所でレストランのメニューや料理の本などを意識して見るようになりました。なかでもフランス料理というのは、写真などを見てもなんとなく格好良さそうだし、今からでも始められるのではないかと考えて（その時点で20歳を超えていました）、この道に入ることに決めました。当時の私が知る範囲では、まだそんなに"サービス"という職業そのものが知られていなかったので、選択の余地なく、調理場で働き始めました。

　横浜のフランス料理店が私のこの業界でのスタートでした。一流フランス料理店出身と言われる経験豊富なサービスの人もいて、ワインリストも用意されており、今考えると良い環境で始められたなと思っています。当時のオーナーも、各テーブルにワインが出ているような店にしたいという明確なコンセプト

があったせいなのか、シャブリ（Chablis）でも味わいのタイプ別に揃えられていたり、グラスシャンパーニュもある程度の期間が過ぎると銘柄を意識的に変えたりと細かく対応していました。

　フランス行きを意識し始めたのは、そこのシェフが"フランス帰り"の人で、何かあるたびに「フランスではサー」と、役に立つこと立たないことをいろいろと語ってくれたからです。本場では、どんな環境で働いたり、料理を作ったり、ゲストが食事を楽しんだりしているのか？　そしてそこにはどんな香りが漂っているのか？　パリに行ってみたいという気持ちはどんどん強くなりました。

　そんなある日、職場の同僚が買ってきた格安旅行雑誌に"今ならフランス往復が安い"という記事を見つけました。「これなら私でも行くことができるではないか」と刺激を受け、鼻息荒くチケットを買いにいったことを覚えています。

　こうして実現した初めてのパリの1週間は、とても楽しいものでした。

　帰国後、本格的に渡仏費用を貯める生活が始まりました。実家のある大阪の有名ホテルでサービスのアルバイトをしたり、当時乗っていた単車を売るなどして必死にお金を貯め、再度フランスを目指したのが1988年の秋頃です。その頃はワインに関する本というものは本当に少なくて、柴田書店から出ていたアレクシス・リシーヌ（Alexis Lichine）という人が書いた『新フランスワイン』ぐらいしかありませんでした。鞄ひとつにこの本と辞書を入れ、フランスへと旅立ちました。

難航した住まい探し

「頑張ってすぐに仕事を始めるぞ」という思いは強かったのですが、なにはともあれ、とりあえず暮らしの基本を安定させなければなりません。まずは寝場所というか滞在場所を探すところから始めたのですが、これが思いのほか大変でした。

日本を出る前、いろんな本を参考にして、価格が安く長期宿泊のできる施設を調べていたのですが、実際に訪れると満室で、散々なスタートを切ることになってしまいました。今では当たり前のようにインターネットで予約をすることができますが、私が初々しく訪れた1988年頃にはまだそんなありがたいシステムは普及していません。言葉の壁もかなり分厚いので電話するわけにもいきません。まあなんとかなるでしょうと思ってフランスに行ってみたものの、似たような考えで渡仏している人が世界中から来ているためなのか、なかなかタイミングも合わず部屋が取れませんでした。そんな準備不足のスタートを切りながらも、ソルボンヌ大学の外国人向けのフランス語講座には申し込んでいたので、最初はしょうがないかなと諦めつつ安ホテルに泊まり、憧れのフランスにウキウキしながら学校に通い始めました。

しかし、ホテル暮らしを長く続けるわけにはいきません。部屋貸しの情報の載っている雑誌や、大学の壁に張ってあるインフォメーションなどを見たり、さらには毎日毎日これでもかというくらいあちこち歩きながら不動産屋を巡ったのですが、空いている部屋はなかなか見つかりませんでした。

フランスに渡ったのは、新学期の始まる10月の初めでした。秋のパリは日が暮れるのが日に日に早くなり、あっという間に

真っ暗になって温度も下がります。ちょうどその年は交通機関の大きなストライキも多くあった年で、まだまだ家には遠く離れた駅で「今晩はここまでで終了です」といきなりメトロから降ろされることもありました。テクテクと肌寒い夜のパリを少し空腹感を覚えながら歩いていると、"これぞ寂寥感"とも言えるような感じが強くなり、このまま住むところが見つからなければ、料理の修業どころではないなーと、"適当ポジティブ"を実践している私にもさすがに暗い考えがゆらゆらと頭をもたげて、「異国で暮らすって大変ね」とじっと手を見そうにもなってしまいます。

　部屋がやっと見つかったのは、それから1か月くらい経った頃でした。学校で一緒だった日本人の方から教えてもらったのです。メトロの11号線のゴンクール駅から徒歩5分のところにあるアパートで、エレベーターなど勿論ない5階の中庭に面した部屋。どちらかというと、アラブ系の人が多いカルチエ（地区）だったので、朝起きて窓を開けるとクロワッサン！　というよりは羊肉の香り？　がしたり、夕方にはアラブの音楽が聞こえたりと、どちらかといえばエスニックなニュアンスが強く、"パリ満喫！"という感じではなかったのですが、お隣の駅が中華街だったので買い物には便利でした。

　なんとか部屋も決まり、「よし！　ここから新たなスタートだ！」と思ったら、今度はきつい風邪を引く始末。フランス生活のスタートは、予想していたよりも大変でした。

語学が大事

　どんな分野でもスタートは大変だと思いますが、やはり言葉

には苦労しました。

「フランス語を聞いて覚えるのはかなり大変だから、テレビを見れば聞きやすいし早いよ」という意見もありますが、あいにくとラジオしか持っていませんでした。「フランス人の友達を作れば早いよ」とも言われましたが、職場の若い連中と話すだけでもかなり苦労するレベルなので、職場以外はせっかくなのでのんびりしたい。そんなわけでこの作戦もままならず。

仕事場は調理場なので、単語の組み合わせでなんとか必要事項は通じます。「タマネギ、うす切り、炒める、あめ色、OK？」という具合に、あまり話し合う必要がありません。そのため、仕事をするうえでは問題なくうまく動くことができても、賄いの時の会話には付いていけないという状態が続きました。なんとか意味がわかるかなーと感じ始めたのは1年ぐらい経った頃からでしょうか。現在はあの頃よりは多少は改善したかなとは思うものの、最初から正確な文法をしっかりと学んだというよりは、従業員同士の現場から覚えた言葉なので、その当時はかなり恥ずかしいレベルだったと思います。それでも少しでも通じると会話が楽しくなるので、そこからやっと単語も増えていきました。

オフの日の過ごし方

日本と違ってフランスでは土曜日と日曜日が定休日の店が多くあります。週休2日だと喜んではみたものの、あまりやることもなく、一番お金のかからない余暇ということで本当によく歩いていました。ただ歩いて散歩するというよりも、有名なレストランを見にいったり（食べにいったりではないところが少

し悲しい)、酒屋さんをあちこち回ったりしていました。

　気に入ったワインショップがサン・ミッシェルにあり、そこには1週間に1度はのぞきにいっていました。ガイドブックに載っているようなワインショップなどもこまめに回りましたが、まだあの当時は切ない感じの酒屋さん、つまり、昔ながらでそんなに良いワインはないものの2、3本はおいしそうなワインを飾っているような酒屋さんも多くありました。そんなところに入っては「ニュイ・サン・ジョルジュ（Nuits-Saint-Georges）のプルミエ・クリュ（Premier Cru）ありますか？」なんて、あえて置いてないようなワインを尋ねたり、それに対する親父さんとの会話を試みたりするなど、少しは語学の勉強になればと頑張って話をしていました。

　安いワインもそれこそたくさん飲みました。その頃からソムリエ・サービスの道に進むことを考えていましたので、最低でもA.O.V.D.Q.S.（原産地名称上質指定）やA.O.C.[※1]（原産地統制名称）の付いているワインを選んで買ってきては、地図で場所を確認したり、メモを取りながら飲んだりを繰り返していました。

　また、いろいろとやっていくうちに「ワインの勉強を始めるには場所と連動させるのが基本で必要なことなんだ」と気付き、生産地の位置関係を学び始めました。ボルドー（Bordeaux）のシャトー[※2]（Château）の場所や、ブルゴーニュ（Bourgogne）の村や畑の位置を地図で見ながら書き写しては、早くいろいろ飲みたいもんだと思っていましたね。まだその頃はキュイジニエ（料理人）として調理場で働いていましたので、店の賄いの時に少し飲むとか、週末に買ってくる安いワインを飲むくらい

しかあまり機会がなかったのです。

　それでも"ヴォーヌ・ロマネ（Vosne-Romanée）"と"ボーヌ（Beaune）"（店の親父に薦められたので、発音的によくわからなかった）との違いもわからぬまま買ってきたワインをじっくり飲むなど、それなりにつつましやかにそしてゆるやかに、楽しくワインの世界にのめり込んでいました。特に抜栓してからの時間経過による変化については、すぐに飲みきらないように、ゆっくりゆっくり時間をかけて飲んだことから、いろいろと学んだことが多いように思います。

　また、友人の紹介で見つけた空手の道場にも通っていました。フランス在住もう何十年！　という淡路島出身の先生との出会いがあり、休みの日はほかのフランス人の生徒と一緒に家に呼んでもらってご飯を食べさせてもらったりもしていました。フランスの生活についての意見を聞くこともできたので、この先生との出会いがなければ、フランスとの距離感がもう少し遠いままだったかもしれないとも思います。

ワイン学校へ入学

　ワインの本を購入したり、店が閉まっている日曜日に有名店を訪れては外に張り出してあるメニューを書き写したりと、なんとか早くフランス語に慣れなくてはと焦りながら暮らす中で、ワインの表現を学ぶためにワインの学校に通おうと決意しました。"デギュスタシオン[※3]（〔Dégustation〕テイスティング）を重視します"というところを見つけて通い出しました。

　最初は何を言ってるのかわからず、必死に聞き取れる単語だけを書き写すという作業ばかり。今考えれば効率的にはどうか

なとも思うのですが、その当時はコメントを実際に学ぶための手段がそれしか思い浮かばなかったので、気合いを入れて聞き取りをやっていました。

　この学校の良かったところは、例えばポムロール[※4]（Pomerol）の違いを探るためにドーンと一挙に16種類ぐらい出してくれたり、月に2回ぐらいは生産者が来て無料試飲会を開催してくれたりしたことです。さすがに約20年も昔のことなので、まだそんなにワインの値段も高くはなく、良心的な学校だったと思います。

　ただ問題は、冬はとてつもなく寒いこと。実際にこの場所でワインを保管していたにせよ、まったく暖房を入れません。「これくらいがワインにも人間にも良いんだ」とのご意見なのですが、真冬のパリの寒さは想像以上です。外気温くらいしかない部屋で、約2時間もじっと座って話を聞いていると、"凍死するんじゃないか？"というぐらいに足元から冷え込みます。10分間の休憩中に近くのバーガーショップへ大急ぎで走っていって暖を取ったことも今となっては笑える話で、とても思い出に残っています。

　ここで単語や会話にも慣れてきたので、マドレーヌ広場のそばにあった別のワイン学校にも通うようになりました。ここでは、生産者自らがワイン造りにおける自分の考えや、ワインの香りや味わいの個性を直接説明してくれる、という少し上のクラスを取ったので、様々な経験ができました。

　ローヌ（Rhône）の生産者であるミッシェル・シャプティエ（Michel Chapoutier）氏が来た時などは、今ではポピュラーになってきている"自然派のワイン造り＝バイオダイナミックス[※5]

(Biodynamics)"に関する話を初めて聞いて、ほかの生産者との考え方のあまりの違いにびっくりしました。その時は授業が終わると、生徒（とはいっても年配の紳士淑女なのですが）がみんな感動して拍手で送り出していました。

　驚いたのは、生徒の中には最近のワインの出来栄えについてその生産者を目の前にしながらわりときつめの意見を言う人がいたことです。日本ではあまりそういう状況はないように思うので、"自分の考えをしっかり述べる"ということに最初は驚きましたが、"自分はこう思う"という意見を言い合うのが大事と考えるフランス人気質を感じることができたように思います。また、会話の中で実際に使われている単語などもいろいろと聞きながら学ぶことができ、ワインに関する語彙を増やすことができました。

ソムリエ協会との出会い
　そんなある日、同じくワインに関する仕事を目指していた友人から、「パリのソムリエ協会というところでソムリエの授業をやっているみたいだ」との情報を得て、恐る恐る訪ねてみました。

　振り返ってみると、この会場に行ったことが私にとって大きな転機となりました。デギュスタシオンに毎週1回参加するようになり、"ものすごく！　ものすごく‼"ワインに夢中な日々が続くようになったのです。

　毎週木曜日の午後4時30分からレピュブリック広場にほど近いビルの確か2階だったかと思いますが、そこで、パリ・ソムリエ協会（ASP）主催のテイスティングの会が行なわれていました。

毎回生産者が招かれ、その土地や土壌の特徴の説明や、ワイン造りの伝統やポリシーなどに関して細かく説明をしていき、それに対してソムリエが質問やコメントを述べるというシステムです。ここにはコンクールを狙う若手から、引退したソムリエまで、年齢的にはわりと広い範囲の人々が参加していました。座っている場所もなかなかに微妙で、一番前には"コンクール狙います！　これから行きます！"という若手が座り、後ろの方には"これからがんばります！"みたいな若手が「当てられたらどうしよう？」という顔で座っています。さらにフランスならではだと思うのですが、左奥のコーナーにはもう引退したかなり年配のソムリエたちが座っていて、「マディラン（Madiran）かー、あの辺には昔１度行ったことがある」とかあまり参考にならない意見をぶつぶつしゃべったりしています。有名な造り手がワインを出品する時や、何種類かのワインの比較試飲会の時などは参加人数も増え、かなり活気のある会になります。

　人によって感じ方や表現の違いは勿論あるにせよ、現役のソムリエがお互いにコメントを述べ合うという環境は、私にとってすごく役立ちました。そして、自分の意見に近い感覚のソムリエを見つけて、コメントに用いる単語の数や種類を身に付けようと必死に聞いていました。その当時にラ・マーレ（LA MAREE）という店にいたソムリエは、分析も細かく、論理的な考え方によって結論を導いていく人で、彼のやり方にすごく影響を受けました。

　しかし、なんといっても私を夢中にさせたのは、ホテル・リッツのシェフ・ソムリエをしていたジョルジュ・ルプレ（George Lepré）氏の存在です。彼は声楽をしていたということで、姿

勢は背筋からピンと立ち、声が良く響きます。鼻は勿論大きく、目にはしっかり力があふれ、語学も堪能。まさに世界のホテル・リッツにふさわしい佇まいで、私がイメージしていた"正統派のソムリエ"という資質をすべて備えたような人でした。

セミナーでは、当時のパリの会長のフランブール（Jean Frambourt）さんやルプレさんが進行役を務め、テンポよく会を進めていきます。

まず若手のソムリエから指名し、造り手の前で自分の勤務先、名前を述べさせたうえで意見を言わせます。若手が間違った判断や、少し思い込み的な意見を述べると、「それはどこから得たものによる判断なのか？」と厳しく、しかし育てていくという感覚にあふれた声で、細かいポイントを指摘していきます。その後で、"コンクール狙いますグループ"に意見を述べさせ、最終的な判断に持っていくのです

見習い中の若手から、かなり場数を踏んだ経験のあるソムリエたちまでがプロのソムリエとしての立場から細かく意見を述べていきます。なかでも「彼は将来世界ナンバー１ソムリエになるんだろうね」とみんなから思われていたオリヴィエ・プーシエ（Olivier Poussier）のコメントは、ほかの人とのレベルからはかなり抜け出たものでした。毎回彼が発言を求められ、そしてそのコメントを聞くたびに彼のレベルの高さと安定感に感心していました。

首を少しかしげるような独特の構えでじっとグラスを見つめ、ある瞬間から堰を切るように外観から細かく語っていくのですが、まずスピードが速い。すなわち迷いなく単語を選んで、同じ言葉は決して繰り返すことなく説明を重ねていきます。あ

まりのテンポと歯切れの良さに、聞いているだけで「そうそうまったくおっしゃるとおり。私もそれが言いたかったんです」と気持ちがすっきりしてしまうぐらいでした。

　もともとワインに関する法律を定めたI.N.A.O.（国立原産地・品質研究所）の膨大な情報を全部暗記しているのではないかと噂されていたぐらいの彼です。品種の特徴や栽培方法、植えられていた畑の位置に関する情報なども織り交ぜながら"とうとうと続く"ので、聞いている私たちは「ああそうだったのか。それがこのワインの個性を形作る理由なんだ」と感心してしまうほどの説得力。この人の言うことなら間違いはなかろうと、会場全体が共感してしまうほどの見事な"技"なのです。ソムリエに必要な飲み頃の判断や合わせる料理の提案なども自然で無理がなく、見事なものでした。

　彼のほかにも、後に私の勤務先となるビストロ・デュ・ソムリエのオーナーのフィリップ・フォール=ブラック氏らの、まさに才気あふれるコメントを聞くことができ、恵まれた環境だったと思います。

　優秀なソムリエが多く参加している会だったので、コメント、すなわちほかのソムリエがこのワインに対してどう感じているのか、そしてそこからどのようにサービスというものに展開していくのか？　というメソッドを、この会で経験を積むことができたのではないかと感じています。

●

　2005年にボルドーに行った際に、サン・テミリオン（Saint-Émilion）のシャトーで今をときめく醸造コンサルタントのミッシエル・ロラン（Michel Rolland）のアシスタントと話す機会

がありました。話していくうちに、お互いになんとなく見覚えがあるよねーということになり、「そういえば1990年頃パリのソムリエ協会に行ってた？」と話が弾み、「お互いこの業界長いねー」などと笑い合ったりしました（当時、彼はホテル・リッツにいました）。

現役のソムリエがワインを味わってコメントを言い合うというこの環境を知ることができ、仕事の合間になんとか時間を作って毎回通ったことによって身に付けることのできた経験。時間はかなり長く過ぎ去りましたが、あの頃のジョルジュの声の張りや、オリヴィエの機関銃のようなコメント、フィリップの落ち着いた物腰など、いまだに私の毎日の仕事に大きな力を与えてくれているように感じています。

パリでの仕事探し

仕事探しは、短期滞在可能なホテルが見つかってから始めました。レストラン自体はパリに来てからかなり歩き回って、いろんな場所で探していたのですが、日本で料理専門の雑誌で見て気になっていた店がホテルからメトロ1本で行くことができ、立地も良く落ち着いた感じだったので連絡をすることにしました。語学的にとても不安を抱えながら、なんとか頑張って電話をしてみたところ、ポストに空きがあるので働けるとの返事をもらいました。フランス語ではなく最後は英語で確認をしたのですが、とにもかくにもやることが決まって進んでいけるなと、電話を置いた後は素直にうれしかったです。フランスでの第一歩がここからスタート、やっとフランスに受け入れられたような気分でした（甘いことには後で気付きます）。

喜んだのもつかの間、実際に働き出してみると、「まあこんなにフランス語ってわからないものかしら」と、愕然としてしまうような惨憺たるスタートでありました（"シェフはリンゴって言ったの？"ぐらいの単語はなんとかなりますが、英語のわかるスタッフが少なかったためです）。「まあ外国だし、こんなもんだろうな」と、例によってあまり深くは考えすぎないように意識して、それでも言葉が弱い分少しは気を遣って、一応は決まった時間よりも早めに店に到着するようにしていました。
　言葉はあまり通じなくても一度仕事の仕上げの確認を取った後は、内容的にはそんなに問題なくこなしていたので、無口でおとなしい性格とその店のシェフには思われたのか、まあ普通に親切に接してくれたように思います。
　良かった思い出はなんといっても本当にたっぷりとトリュフを触ることができたことです。トータルでフランスには３年間滞在しましたが、後にも先にもこのお店ほどトリュフを見た店はありません。たっぷりと触ることができたのは大きな経験になりました。
　この店では現地から直接購入していたと思うのですが、シーズンになると見るからに"ワインたっぷり飲んでます"という感じのかなり年配の親父さん（とっても山羊に似ています）が赤ら顔をてからせながら、大きな木箱にトリュフを詰めて車でやってきます。私たちは調理場の流しに水を溜めて、ごろごろと流し込み、手際良く泥や土やほこりを取って急いで乾かします。トリュフが届くとその日の夜からメニューも変わります。トリュフを狙ってくる常連さん向けには、200gくらいの筒状のフィレ肉をかなりレアに焼き、スライスしたパルメザンチー

ズとトリュフを挟んで仕上げる料理や、サラダにスライス・トリュフを上から"ばさばさ"（まさにこんな感じの音がしました）かけ回したり、と調理場にあの独特の香りが広がるのを今でも思い出すことができるほど、ここでのトリュフの出す香りは鮮烈に残っています（いったいあの1皿の値段はいくらしていたのだろう？）。

　この親父さんがやってくると賄いをみんなと一緒に食べるのですが、かなり話が面白いらしく、みんな最初から最後まで大笑いの連続でした。私は残念なことに何を言っているのかさっぱり理解できなかったのですが（おそらく"しもねた"が99％）とにかく"笑いすぎておなかがつってます"みたいな勢いで、それは楽しそうでした。

　そんなこんなで言葉の問題は大きかったにせよ、最初に入った店としてはそれなりに過ごしてはいたのですが、そろそろ慣れてきたかなという頃にオーナーの都合で突然閉店することになりました。急いで次を探さなくてはならなくなり、また最初から電話攻撃です。

　やっと見つけた次の店はミシュランで当時2つ星が付いていたと思います。わりと規模の大きなレストランで、ここでは前菜や魚・肉などの各セクションごとに料理人が4人ずつぐらい配置されているような店でした。前の店とは違い、昼は40名、夜はというと60名以上は入る店だったので、ここでは仕込みを鍛えられました。朝、持ち場に着くと「お昼までにやっといてね！　今日のランチで使うから」と言われ、うずらが30〜40羽ぐらい箱に入って並んでいたり、また、とある朝はラビオリを調理場の同じセクションの人間と一緒に3人ぐらいで大

きな机いっぱいに広げて型でひとつずつ丁寧に抜いていったりと、やることがいっぱいありました。

　ここでは調理場の人数が多く、それぞれの部署で仕込みに手間がかかるため、朝から鍋を取り合ったり、フライパンを仕込みのテーブルの下に隠していたりと驚かされることも多かったですね。人気のシェフらしく営業中にしか姿を見ることがなかったのですが、2番手3番手がしっかりとコントロールしていたので、わりとスムーズに料理は出ていました。

　大変だったのは賄いでした。洗い場も含めると30人を超えるくらいのスタッフがいるのに、賄いの量はおおよそ15〜18人分くらいしか作らないのです。「そうか、フランス人はあまり賄いを食べないのか」と思っているとそんなことはなく、いつの間にかフィリップもジルも（人名です）みんな自分のご飯を確保して食べています。私は職場のご飯があるから生きていける、みたいなところがあったので、賄いの時間近くになると、大きなバットに入れられてどかっと置かれるのを待って、配膳のテーブルの周りをぐるぐると回り、まるで椅子取りゲームみたいな感じで落ち着きませんでした。

　ここである程度セクションを回ってから、次は知り合いの紹介でサン・ジェルマン・デ・プレのそばのこぢんまりとしたレストランに移りました（ここでは賄いをゆっくりと食べることができました。めでたしめでたし）。

　ここで約半年過ごしたのですが、この店では多くの食材をブルゴーニュの自分の農場から運んでくる店だったので、生きたエスカルゴ（食用のカタツムリ）が届くと自分たちで茹でてひとつひとつ殻から剝いていました。アーティチョークの"がく"

第1章　ソムリエを目指していた頃

も小さなナイフで削っていくのですが、灰汁で手が真っ黒になったりと、フランスならではの食材に豊富に触れることができました。

　この辺りですでにフランスに来てから1年半が過ぎようとしていました。最初の頃に比べると会話もできるようになり、意思の疎通もなんとかなってきたので、いよいよ「サービスではなくソムリエとして仕事をするために、アクションを起こさなければ」と考え始めました。

　ビストロ・デュ・ソムリエでソムリエとして働き始めたのは、それから1年ほど経った頃でした。ソムリエとしてやっと働くことができるという気持ちが強く、ワインに触れていられるのが楽しくて、時間があると地下のカーヴ（〔Cave〕蔵）にもぐり込んでいました。最初はどこに何があるかわからないので、オーダーされたワインを探すのにひと苦労でしたが、毎日うろうろしているうちに自然と場所も覚えられ、提供のスピードも速くなりました。

　カーヴには日本では見ることのなかった珍しい産地のワインはあるし、古いヴィンテージ[※6]（Vintage）のワインはあるしで、興奮しながら1本1本触っていました。滓が舞わないようにゆっくりと持ち上げては光に透かして滓の具合や量を確認していましたので、半年もするとストックされている古いワインの滓の量はいちいち見なくても大まかにわかるようになっていました。

　またワインもかなりたくさん抜栓するので、毎日、昼のサービスが終わったくらいに前日の夜の分とまとめて店の外の、といっても中庭の大きなゴミ箱に捨てに行きます。その際に1本

1本空きボトルの口の部分に鼻を近付け、ブラインドテイスティングのように香りを確認しながら捨てたりもしていました。誰かに見られると、かなり不気味な光景だったかなとは思いますが、その当時はワインの個性や特徴をいかに早く的確につかめばいいのか!?　と今とは違ってかなりまじめに取り組んでいたので、"人がどう言おうとやりますよ"と気合い十分に香りを確認しながらボトルを捨てていました。

※1　A.O.V.D.Q.S.、A.O.C.：原産地統制名称という法律で定められた格付け（主にフランスで整備されている）。2008年よりEU加盟国共通の表示が制定されたのに伴い、段階的に変わりつつある。
※2　シャトー：直訳すると"城"。フランスのボルドー地方では造り手のことをシャトーという名称で表わす。したがってワインの名前も"Château ○○"という名前で表示される。
※3　デギュスタシオン：外観、香り、味わいなどのワインの個性を確認する作業。それに加えて、飲み頃や熟成の可能性など目的を持ってワインの状態を判断する。
※4　ポムロール：フランス・ボルドーの右岸と呼ばれる位置にあるワイン産地。粘土質の多い土壌から有名なペトリュス（Pétrus）、トロタノワ（Trotanoy）などのワインが産出されている。
※5　バイオダイナミックス：細かいことを言い出すときりがないのだが、なるべく自然の状態を生かしつつ良質な個性あるワインを造ろうという考え方。減農薬から始まり様々な考え方がある。
※6　ヴィンテージ：ワインの造られた年。もしくはワインの造られた年に対する出来栄えの評価を意味する。例）その年は評判の良いヴィンテージである。

ソムリエ修業・パリマップ

ビストロ・デュ・ソムリエ
フォール＝ブラック氏とパリ・ソムリエ協会で知り合い、研修を申し込んでお世話になりました。グラスワインと料理との組み合わせや、ゲストへの細かい説明の方法など大変勉強になりました。

2軒目のワイン学校
今から考えると、DRCや有名シャトーの垂直試飲など、特別コースではなかなか良いワインを飲んでいたんだなーと、懐かしく思います。

葉巻店"シヴェット"
パリに住んでいた頃、前を通るたびに気になっていた葉巻屋。最近でもパリに行くことがあればつい気になって立ち寄ってしまいます。

パリでの下宿
やっと見つけた下宿。階段がきつく、窓を開けるとなぜか羊肉を焼いたような香りがしましたが、やっとパリで暮らせるという喜びでいっぱいでした。

パリ・ソムリエ協会
あの頃は、レピュブリック広場に程近い、古い建物の中でテイスティングが行なわれていました。初めて行った日は"バニュルス(Banyuls)"のテイスティングだったことを覚えています。

お気に入りの酒屋
チェーン店ではなく歴史があって趣がありそうな酒屋さんを探して、パリをかなり歩き回りました。店の中に入った時の湿った石の香りと、ひんやりした温度が気に入りました。

2. パリ・ノスタルジー

レンズ豆と健康生活と私

　パリで暮らした3年間、私の主食はレンズ豆でした。とはいってもレンズ豆の"缶詰"なのですが、中に3、4本くらい中ぶりのソーセージが入っているというなかなかにアイデアあふれる組み合わせでした。

　レストランで働いていると午前中と夕方にはご飯が出るので問題ありませんが、店が休みとなる土曜日と日曜日が問題でした。外に食べにいくだけのお金がないのは勿論なのと、食べるよりは飲むワインにお金をかけていましたので、"あまり選択の余地なくお部屋で自炊"となるわけです。その頃、私は自炊禁止の由緒正しいスタジオ（日本で言うところのスタジオとは程遠く、ただのワンルームの4畳くらいの部屋）に住んでいたので狭く、満足な調理器具はないのでなかなかに大変です。

　土曜日の夜、まずはレンズ豆の缶詰を3等分し、電気調理器に置いた鍋に入れ、トマトジュースと水を加えます。沸騰するとなんの迷いもなくそこにパスタを投入し、スペシャル・メニュー①"レンズ豆のパスタ・トマトソース風"の出来上がりです。

　そして翌日、すなわち日曜日のお昼、残りの2分の1の量で心新たに調理にかかります。

　前日の手順と同じで進行、少し違うのはパスタを投入した後にカレー粉を入れ、スペシャル・メニュー②"レンズ豆のパスタ・トマトソース・ボンベイ風"となります。ボンベイ風というのはあくまでも雰囲気で、インドっぽいかしら、といたって気楽

になんの根拠もなく名付けただけです。

　さて日曜日の夜、パリの街に陽が静かに沈み、素敵な夕食となるのですが、いよいよレンズ豆も残りが少なくなってきました。

　例によって手順は同じです。少し違うのは最後にパスタの代わりに今度はお米が入り（そろそろ書くのも恥ずかしくなってきましたが）スペシャル・メニュー③"レンズ豆のリゾット・トマトソース風"の出来上がりです。夏場はリゾット・ボンベイ風もあります。

　なんといってもフランス滞在３年の間にいったい何回このパターンで過ごしたかと思うと、ほかのやり方もあったのでは？と今更ながらに思います。しかし、レンズ豆はいろいろ栄養もあり、お金がかからず、これに様々なワインを合わせていたので本人的にはそんなに悲壮感はなく、「まあ外国だし、こんなもんかな？」ぐらいな気持ちで楽しく暮らしていました。

　勿論、これにはニンジンやタマネギなど、野菜もふんだんに入りますし、食後には必ずと言っていいくらい、ビオ（有機・無農薬）のヨーグルトを食べたり、リンゴをかじったりと、食事のバランスには、気を遣っていました。
「歯を大切にしておかないと！　フランスの歯医者はすごいよ‼」という話も、周りの人から聞いていましたので、食後は勿論、ワインテイスティングの後なども丁寧に歯を磨いていました。また、舌を守るために辛すぎる食べ物や化学調味料などはまったく使わず、インスタントラーメン系も滞仏中３年間はほとんど食べませんでした。

　多少飲みすぎるきらいはあったにせよ、ご飯の時間はゆっくり取っていましたし、ワインの香りや味わいも確認しながら飲

んでいたなーと……。それに比べて最近の生活って…と、この文章を書いていて、あの頃のある意味ストイックな食生活を思い出し、反省する気持ちになりました。

ダブリンで過ごした年末

　フランス滞在を始めてまだ間もない頃、年末のお休みに職場のアイルランド人の同僚から「佐藤、年末はうちに遊びにこないか？　ダブリンの年末はとっても楽しいぞ！」と誘われました。私は人の家に滞在したりするのはあまり得意ではないのですが、海外で初めて迎える年末ということもあり、「やはりここはヨーロッパ！　せっかくのチャンスだし、なかなかにアイルランドへ行くこともないだろう。そしてビールでも飲んでくるか！　ギネス、ギネス！」と考え直し、飛行機に乗り込みました。

　大晦日の夕方に彼の家に到着し、翌日は勿論明けましての1月1日。午前中はだらだらと過ごし、お昼頃から「それでは店が開くからさ、出かけるよ」みたいな感じで出かけます。着いた先にはなにやらいい年をしたおじさんたちが、これぞ所在なさげの見本みたいな感じで、20〜30人ほど店の前でたむろしているわけです。

　これはいったい何かしら？　と思っていると、店が昼の1時頃にオープンになり、おじさんたちは「やれやれ今日も1時かよ」といった感じで、わさわさと店の奥に入っていきます。

　そこはビリヤードに似ている"スヌーカー"というテーブルゲームの店で「やっぱりここが一番落ち着くんだよ」みたいな感じで（でもそんなにニコニコはしていません）、愛好家（？）のおじさんたちが濃い色合いのビールを片手に、黙々と台の上

のボールを見つめ、そしてボールとお互いのため息をはじいています。

　場内の湿った空気と、みんなが口にくわえているタバコの煙、床から醸し出ている「これでも昔はワックスでした…」とは呼べないような油の香りが混ざり合っていました。いまだにダブリンのビールといえば、切なさあふれるこのシーンを思い出します。

　そこから日がな1日だらだらと違うパブに行ったりと、いったいこれのどこが「とっても楽しいぞ佐藤！」なのかなとも思いながら、みんなの飲む量の多さに驚きつつ、私の新年はスタートしたのです。

　今思うと、「そんなにやることはないけれど、やっぱり正月は、国にでも戻ってゆっくり過ごすかな」というのが私を誘ってくれた彼の当たり前の正月休みだったかもしれません。そこには当たり前のこととして、"のんびりセット"としてビールを飲まなきゃ始まらないだろうということがあったのかもしれません。

　当時の私は、ワインの勉強は勿論、ヨーロッパ各国の地元での飲み物文化みたいなことを、真剣に学ばなければと常に考え続けていて、その時の旅行も、正直なんだか身にならない旅みたいに感じてしまっていました。しかし、あれから約20年経ったにもかかわらず、店の情景や窓の外を強風にあおられながら飛んでいるかもめの姿、港の湿った風の匂いなど、とてもリアルに思い出すことができるのです。

　例えば正月、私が地元にもし帰ったとしてもあまり行くところもないし、この年で鶴見緑地を自転車で走っても、なんだかなーといった感じです。

それに比べると、彼なんかはダブリンに帰ればなんとなく行けるところがあるし、そこはまったく変わらない感じで時が過ぎていて、いつものようにビールを飲んで、玉をはじいて過ごすことができる……。そんな変わらない場所がたくさんあるというのが、ヨーロッパの飲酒の文化＝"ビールやワインが支えている伝統"と呼んでいいところなのかもしれません。

現場での失敗談
〜悲しみのロゼ・シャンパーニュ吹き出し事件〜
　今でこそこんな風に少しは笑って語れる日も来ましたが、やはり若い頃はいろいろと失敗も多くありました。あまり気にしない忘れっぽい性格だからこそ、今まで続けてこられたのかなと思うこともあります（この性格に関しては家族や店のスタッフからはかなり不評）。そんな中でも忘れられない失敗を思い出してみました。

　フランスにいた頃、パリ郊外の修道院を改造したというなかなかに立派なホテルレストランに初めて研修に入った時のことです。普段は細かいことを気にするシェフ・ソムリエが、自分が休む日に限っては「じゃ、SATO!!　明日はちょっと忙しいけどよろしくねー」と週末に気軽に休みを取るんですね。「ちょっとじゃなくて満席ですけど…」と少しは思うものの"まあなんとかなるように、できる限りのことをしましょう"ぐらいの気持ちでないと、とてもフランスではやっていけないので、あまり深く考え込みませんでした。そんなことを気にするよりは念入りに準備を整えて、いよいよ営業。その晩はソムリエと語りたいゲストが多いため、テーブルごとのサービスにかける時間

がかなりタイトになってきます。

　そんな中、かなり派手めのストライプのスーツを着た、高齢でギャング系の苦みのあるムッシュと、モデルのような女性が席に着かれて、いきなりドン・ペリニヨン（Dom Pérignon）のロゼ（Rosé）を頼まれました。勿論注文の声も渋いです。

　その夜はすでに1本出てしまっていて、さすがにそんなに頻繁には出るシャンパーニュではなかったので、後はワインカーヴにしか置いていませんでした。さらにその店ではメインのカーヴまでは調理場を抜けて、40ｍくらい全力疾走をしたところにあるので、さあ大変。

　閂（かんぬき）のかかった扉を開け、中に飛び込み、ボトルを握り締め、客席に戻ります。氷をたっぷり入れたワインクーラーに入れて「今回はいつもより早く冷えてくれ」とワインの神様にお祈りをします。

　しかし、どうしてもストライプが目に入るせいなのか、週末で神様がどっかに行ってしまっていたのか、いつもより少し早めに焦って抜栓してしまったんですね。ワインクーラーの中に入れたまま、なんとか冷やしながらの抜栓で切り抜けようとしたのですが、外側の金具（ミュズレ〔Muselet〕）を緩めようとした瞬間に"ジュワッ"という普段あまり耳にすることのない音がして、なんとシャンパーニュがジュワジュワとかなり激しく吹き出しているではありませんか（最終的には3分の1ぐらいは吹き出てしまいました）。

　「おっとこれは大変」と日本語で言うわけにもいきません。目の前のふたり、特にムッシュがさらに渋い顔で怪しげなアジア人のソムリエ（私です）を見つめる中、いかにもコルクが悪い

なといった感じで、首をかしげながらコルクの香りを取り「すぐにお取り替えいたします」とこちらも渋く語り、ジュワジュワと音を立てているワインクーラーごとバックヤードに下げたのですが、後ろから撃たれるんじゃないかと思えたくらい、シャンパーニュは冷えないのにその場の空気は冷え切っていました……。

結局、そのテーブルに冷えたドンペリ・ロゼが出たのはそれから10分くらいかかってしまったと記憶しています。食事が終わる頃には、そんな"ストライプさん"も見た目ほど危険な感じではないこともわかり、なんとかお互いに笑顔で見送ることができましたが、いやいやなかなかに大変な夜でした。あの日以来、シャンパーニュは安全に長めの時間をかけて冷やすようにしています。

シャンパーニュは冷えていることもおいしさの大きな要因なので、氷は多めにしっかりと冷やしたいもの。

第2章

ソムリエの流儀
～サービスの基本から考え方まで～

1. ソムリエになるために

最初の一歩

「ソムリエになるにはどうしたらいいでしょうか？」という質問をたまに受けることがあります。そんな時には、まずは日本ソムリエ協会が年に1度行なっている、ソムリエ認定試験という資格を目指すところからではないでしょうか、という答え方をしています。

この試験を受けるためには実際の経験年数などが必要になるため、興味のある方は日本ソムリエ協会のホームページ(62ページ参照) などを見ていただけると早いと思います。

ワインを扱う仕事とは関係ない方がこういった資格を目指す場合には、"ワインエキスパート"という名称になります。エキスパートの方だけのコンクールなども行なわれていますので、普段からワインをよく飲んでいるとか、もう少しワインを体系的に学びたいなど興味のある方は是非参加されてはいかがでしょうか。酒販店の方などは、"ワインアドバイザー"という資格名称になります。

一流のソムリエになるには？

これはなかなかに大変です。日本では、フランスやヨーロッパの国々とは少し異なり、ワインだけを触っていれば良いという現状ではなく、店の料理についての理解は勿論のこと、そのほかにレストランの様々な仕事をこなすことが必要ではないのかなと感じています。

実際にヨーロッパ各国でも"ワインだけを見つめて暮らして

いけるソムリエ"というのはかなり少なくなってきていますし、就業時間の問題や、人手不足の問題などはどこの国でも同じです。なるべく早く仕事や細かい雑務をこなして、そこでうまく使える時間を見つけて、ワインに関する仕事を行なうというやり方に変わってきていると思います。

　現実面では、体力はある程度必要ですし、1日中ほとんど立っている仕事ですので、疲れが膝にくるとか腰にくるといった意見はよく聞きます。

　ソムリエの仕事は基本的にはサービス業なので、"サービスが好き"ということが一番大事なのではないでしょうか。と言いつつ、私もそんなに愛想のいい方ではないなーと自分では感じています。

「私自身はこのワインが好き！」という自分の気持ちよりも、「これはおいしい！」とか「こんなワインは知らなかった！」とゲストに楽しく飲んでいただくことの方が好きなように思います。

　実際に、ソムリエがワインを造っているのではないので、ワインの中身を正確に伝える義務が私たちにあるのは勿論のこと、このワインが造られた環境や、世話をしているヴィニュロン（〔Vigneron〕ブドウ生産農家）の方々の思い、歴史や伝統や誇りまでもひっくるめて紹介するというところは忘れないようにしています。

　ソムリエの資質として、とてもすごい鼻を持つとか、テイスティングがすさまじく良い、とかは日常業務ではそんなに要求されないものです。それよりも「温度の違いで味がこう変化する」とか「この後どれぐらいの時間で、ワインが変わっていくのかな」などと考える力の方が現場では必要でしょう。

そして最後にもっとも大切なことかもしれないのは、ゲストの支払いを考えるということです。

「おいしいワインならいくらでもいいよ」と言ってくれるゲストはそんなに多くはいらっしゃいませんし、"おいしくてすごく安くて誰にも知られていない"というワインもなかなかに見つけにくいし、そこのバランスを取ってお薦めしていくことも実際に店を続けていくうえでは大切なところです。

オープンしてすぐは、とっても良いワインが安くてたくさんあったのに最近はどうも違う、という店にはならないように、買い付けや在庫管理、飲み頃のワインをどのように買い揃えていくのか、ということも大切です。

この章では、ソムリエが行なう実際の仕事について説明していきたいと思います。

フランス修業時代に付けていたソムリエバッジ。とてもうれしかったのを覚えています。

Colonne ─ ①

ワインの仕事の呼称資格

　日本ソムリエ協会（J.S.A.）が認定している呼称資格は、ソムリエ、ワインアドバイザー、ワインエキスパートの3つ。それぞれの上級者に対し、シニア資格が設けられていて、シニアソムリエ、シニアワインアドバイザー、シニアワインエキスパートと呼ばれている。

　認定試験は年1回で、1次試験が8月下旬、2次試験はワインアドバイザー、ワインエキスパートが9月中〜下旬、ソムリエが9月下旬〜10月上旬に行なわれる。いずれの資格も年齢20歳以上の者が対象。

【ワイン及びアルコール飲料を提供する飲食サービス業の従事者】

●ソムリエ

対象者：第1次試験日において、ワインおよびアルコール飲料を提供する飲食サービス業を通算5年以上経験し、現在も従事している者。

●シニアソムリエ

対象者：下記3つの条件をすべて満たしている者。

①協会認定のソムリエ

②ソムリエ資格認定後3年以上経過

③ワイン及びアルコール飲料を提供する飲食サービス業を通算10年以上
　経験し、現在も従事していること

【ワイン及びアルコール飲料の輸入、販売などの従事者】

●ワインアドバイザー

対象者：第1次試験日において、以下の業務経験が通算3年以上あり、現在も従事している者。

酒類製造及び販売、（コンサルタントなどの）流通業。

アルコール飲料を含む飲食に関する専門学校や料理教室などの教育機関

における講師。

※調理従事者はソムリエまたはワインエキスパートのみ受験可能。

●シニアワインアドバイザー

対象者：下記3つの条件をすべて満たしている者。

①協会認定のワインアドバイザー

②ワインアドバイザー資格認定後3年以上経過

③ワインアドバイザー受験時の受験資格対象職務を通算10年以上経験し、現在も従事していること。

【ワイン愛好家】

●ワインエキスパート

対象者：ワインの品質判定に的確なる見識を持つ20歳以上の者。職種、経験は不問。ソムリエ、ワインアドバイザー対象職種に就いており、受験に必要な経験年数に満たない者。

●シニアワインエキスパート

対象者：下記3つの条件をすべて満たしている者。

①協会認定のワインエキスパート

②ワインエキスパート資格認定後5年以上経過

③年齢30歳以上

〔認定組織〕

社団法人 日本ソムリエ協会（J.S.A.）

〒101-0042

東京都千代田区神田東松下町17-3　日本ソムリエ協会ビル4階

TEL.03-3256-2020（代表）

http://www.sommelier.jp/

2．ワインと料理のマリアージュ

「この料理に合ったものを」とか、「このワインで大丈夫なのですか？」など、ソムリエとして、ワインと料理との相性についてよく訊かれます。

実は相性というものはなかなかに難しく、基本的にはゲストの好みを尊重するというのが、ソムリエの仕事なので、そこのところをまずおわかりいただいたうえで、お答えするようにしています。

私自身が料理とワインとの相性で考えるのは、全体としての酒質、色合いは勿論のこと、温度、余韻の長さなどが主になります。ワインと料理とが、お互いに高め合うのが良い相性というものなので、個性を消し合うことのないように、そしてこのふたつが合うことによってよりおいしくなるようにということが、一番のポイントになります。

したがって、お皿に載っている料理が魚か肉か、に加えて全体的なお皿の上の料理の色合いが白ければ白、よく煮込まれたソースがありしっかりした色合いであれば赤をまず考え、そこに料理の温度を考えていきます。

魚のマリネとサラダであれば、料理の色合いは白く、お皿の温度は10℃くらいで冷たいわけですから白ワインが良いのではないか。牛肉の煮込みなどでは、赤ワインの色がおいしそうだし、熱々の料理の温度を生かすためにも高めの温度で飲むことのできるしっかりとしたタイプの赤ワインを…と、こういった仕組みです。

勿論プロなので、樽からの抽出要素や、余韻の長さ、使わ

れているブドウ品種なども加えての判断になるのですが、ご家庭で楽しもうという場合には、こういった考え方でワインを探されるとより楽しい食卓になるのではと思います。

ただし個人的な好みを大事に、第一に考えるのがワイン産地である海外の国々の人のやり方です。イタリアではクリームパスタを赤ワインで楽しんだり、フランスでも酸のおいしいヤギのチーズをしっかりした赤ワインで楽しんだりする人も多くいます。自分としてはこれが良いと思うんだ、というのがなければ食事ってつまらないと思うんですね。

フランスでは料理とワインとの相性はマリアージュ（Mariage）、結婚と呼ばれます。"人がどう言おうと個人的にはこれが好き"という意味かもしれませんし、"あんまり考えすぎても！"という意味かもしれませんし、"そんなにいつも最高っていうのもないよね"という達観した考えがそこに存在しているのかもしれません。あまりにもフランス的な呼び方に感心しています。

3．ソムリエがワインを薦める流れ

次に、ワインの薦め方を具体的に説明していきます。

席に着くとまず食前酒を訊かれ、メニューが出され、食事を頼んでから「さあいよいよワインを決めましょう」という流れが一般的だと思います。ここでワイン係がいる店であれば、分厚いワインリストが渡されたり、もしくは店の人と話をしながら決めていく作業に入ります。

「どんなタイプがお好みですか？」と訊ねるソムリエに対し、「こんな曖昧な質問で何がわかるんだろう？」と疑問に思われる方

もいらっしゃるとは思いますが、ソムリエとしては、ここで細かいニュアンスの受け答えをシビアに展開しようというよりは、ゲストとの受け答えの内容で、ワインに対する経験値や今回の来店の目的（何かのお祝いとか、ゆっくりと食事を楽しみたい）であるとか、もっとシビアに言うとワインの予算の希望などを探っているわけなのです。

　ワインリストを渡されて初見一発で「いきなりこれをください」と言えるほどにワインに詳しいゲストは一般的には少なく、ある意味貴重だと思います。こちらとしてはワインリストをご覧になっている（読み込んでいる）ゲストの視線の早さや熱心度から、何か特別にお探しのものがあるのか、お好みの品種や産地があるのか、リストの中で値段を一番気にされているのか、などと探っています。

ワインリスト
〜掲載ワインが少なくても頼みにくいし、多いと選びにくい〜
「ワインリストを渡されても、何がなんだかわかりまへん」とはよく言われることですが、ソムリエを職業としている私でも自分の店とは異なる店に行けば同様です。その理由は、うちで扱っているワインと同じものがリストに載っていたとしても、ほかの店に置かれているワインのコンディションがどうなっているのかは正直わからないからです。そこで、大まかな好みを伝えてその店のスタッフに任せることが多いです。
「今日は曇り空で気温は20℃。湿度も少し高めだから、石灰質土壌と粘土質土壌の組み合わせにミディアムローストの新樽使用率は30％以下でね。タンニン控えめな品種は勿論のこと、

熟成感はありながら酸化的な影響は抑え気味でね。期待していますよ、ふっふっふっ」とはまず言いません。「すっきりしたのが飲みたいです」とか、「お昼なのであんまり酔わないのがいい」ぐらいの浅い感じです。「おいおいプロがそんな頼み方でいいのかしら？　もっとまっすぐに情熱を伝えないとだめなんじゃないの」と言われそうなぐらい大まかなことが多いです。もしくは「熟成感があって1万円くらいがいいな」とか、「今日は3本飲むのでトータルこれくらいでできますか？」と、どちらかというと予算の希望をはっきりと最初に伝えます。

　ワインリスト自体に、香りや味わいなどの特徴が書き込んであるような店だと、それを参考にして頼んでいくこともできるのですが、かなりたくさん種類があるようなお店だと、やはり店の人に訊くことになります。

　ワインリストの基本的な考え方というのは、店の料理に合わせておいしいワインや、飲み頃のワイン、そこの店のソムリエがおいしいと感じ、是非ゲストに飲んでもらいたいと考えて買い揃えたワインがまとめて載せられているメッセージ、というものです。だから、載せられているワインの種類や、品種、それに加えての価格帯で、店自体の目的や、そこの店のワイン係が何を表現したいのかがわかるというのが理想ですね。

ワインをお薦めする方法 ① 一般編

　私自身はフランスにいる時も、日本に帰ってきてからも、ありがたいことにワイン在庫数がかなり多いレストランを中心に働いてきました。そういう店で働いている時には基本的には香りや味わいや品種、産地などを考え、タイプ的にそして価格帯

を考え合わせて3種類ぐらいをまずはお薦めします。そこからさらにお好みをすり合わせて、最終的なゲストの満足を伺うというスタイルでお薦めしていました。

「飲みやすい軽いタイプがいいな」と言われた場合には、軽めの飲み心地のものを香りと味の特徴を踏まえ3つぐらい選びます。その際、価格帯も考えることも大事です。例えば、その店のワインで一番多い価格帯、もっと手頃なもの、より個性にあふれたものを2,000円ぐらいの間隔で用意して、それぞれのワインの魅力を伝えます。それ以外に、「今日はボルドーで頼みたい」「ブルゴーニュで選んでほしい」などというテーマがあった場合には、限られた産地、品種の中から少しずつ個性の違ったタイプをご提案します。例えば、クラシックな造り手と、モダンな醸造のタイプで違いを見せたり、それに加えての個性として、少し熟成感があって飲み頃のものをご提案します。「あれも飲みたいし、これも頼みたいな」と迷っていただけるように考えて提案することが、ワイン係とゲストの楽しい関係ではないかと思います。

　お薦めする方法としては、基本的にはゲストの好みや希望に合わせての接客が求められるのが原則です。じっくりとワイン選びをするのが好きな方なのか、おなかが空いているので早く決めてゲスト同士の会話に入りたいという方なのか、その辺のところはなるべく感じ取るようにしてゲストがストレスを感じることのないように気を遣います。

　数多いお薦めワインの中から、自信を持ってお薦めできる"選び抜かれた3本"のつもりでご提案したのにもかかわらず、「じっくりワインリストを見て、それからソムリエと会話をして

オーダーしたかったのに3種類くらいで軽く決められた」と思われては論外です。とはいえ、「今日は丁寧に行きますか！」と頑張っていつもより長めの説明を心がけたところ、「大事な接待だったのに、いつもよりも長々とソムリエに蘊蓄を語られて疲れた。特にゲストは空腹で不機嫌になって困った」というのも、最も避けたい悲しい出来事です。

ワインをお薦めする方法 ② マクシヴァン編

　私の店マクシヴァンでは基本的には私が口頭でまずお好みをお訊きします。アルコールが体質的に飲めないというゲストはいらっしゃっても、ありがたいことにワインが嫌いですという方は少ないので、最初はゲストのお好みをお訊きするところから始めます。

　まず最初のところで、私の店の方針として、「こういった楽しみ方があります。私的にはこう考えてワインを選んでいます」という提案をします。

　①グラスでいろいろとお皿に合わせてお飲みになるのか？（この場合、グラス1杯という限られた時間の中でも楽しめる表現力のあるものをお出しすることが必要です）。

　②ボトルにされて、時間の経過や温度変移による少しずつの変化を楽しまれるのか？（この場合、変化の楽しめるものをボトルで薦めます）。

　③最初はグラスにしてそこから後半はボトルを取られるのか？

　このように、あまりゲストが迷わなくてすむような、提案型のオーダーの取り方をします。

「今日はどうされますか?」だけではゲストもなんと言っていいのやらわからないために、つい「この店で一番おいしくて、ほんでもって一番安いワインで?」と迷われてしまうと思います。店としてはこんな準備をしています、という提案をすることによって、「ああそういうやり方の店なんだね」とわかっていただこうという考え方です。

ワインリストを出さない理由

開店以来、ワインを頑張って買い集め、現地の写真などをちりばめながら見やすく、そして探しがいのあるワインリストを作ってきました。ワイン好きの方はワインリストの隅から隅まで目を通したいので、在庫があればあるほど飲みたいワインを決めるのに時間がかかります。慣れている方がさっと見ていっても最短でも7〜8分以上はかかってしまいます。忙しい夜や週末の金曜日の夜など、来店される時間帯が重なりテーブルごとにワインリストが必要という場合、これはどう考えてもうまく回らなくなるわけです。ニコニコとワインリストをご覧になっているゲストから、「すみません、ほかでお座敷がかかって呼ばれていますので、また後ほど」とワインリストを取り上げるということにもなってしまいかねません。

また、おふたりで来店された方でよくあるのが、おひとりはワインに興味があって「わおっ! ここのワインリスト最高!! シャトーヌフ、ラブリー!」と会話も忘れて熱中してページを見つめ続けるという、まるでワインリスト・ハイ(造語です)みたいな感じになっている時、もうおひとりの方は、やること

もなくじっと手を見ているみたいな場面です。

また、接待にご利用の場合は、大まかなお好みをお伝えいただければ、後は食事やお飲みになる量、ゲストのお好みに合わせて、ワインをお出しします。オーダーや追加にいちいち時間を取られたり、ゲストにお好みをお聞きするために話を中断していただいたりする必要もないのでスムーズに話も進むと思います。

そんなこんなががあり、開店して5、6年経った頃からでしょうか、私の店の方法としては、詳しい方にもそうではない初心者の方にも、ワインリストをお出しせずに最初から直接私がお話をさせていただいて薦めていくという方法に変えました。先ほど（68ページ）の①から③の内容を、まずお話させていただいて素早く判断し、あまりお待たせせずにお好みに合ったおいしいワインを提供するようにしています。

以前リストをお渡ししていた際にも、結局はたくさん並べられたワインリストの中から「これはどうだろう？」「このふたつではどちらがお薦め？」とアドバイスを求められるケースが多々ありました。それならばいっそのことゲストのお好みや料理との相性や、抜栓して今おいしい特徴の出ているワインをということで、お薦めのボトルをテーブルに並べて、それぞれの特徴と価格帯で決めていただくというスタイルにここのところは落ち着いています。

「じっくりとボトルを頼んで飲みたい」という方にもお好みを聞いたうえでお好みに合うような今おいしい飲み頃のボトルを5～6種類並べて、それぞれの特徴や価格をお伝えし、ラベルもじっくりと見ていただいて、やる気のありそうなボトルを選んでいただいています。

お薦めだけで判断するのは選択肢が少ないような気がしないでもないのですが、よく考えてみるとお寿司屋さんでも割烹の和食でも同じスタイルを採っています。"お好み"と"苦手なもの"を聞いたうえで、本日のおいしいものをお薦めするというスタイルは日本にはもともとあったものなので、皆様も違和感なく楽しまれています。

　詳しくない方は店側にお任せできるスタイルですし、「かなりワインには造詣が深いんやで」というゲストの場合にも、あえてお任せいただくことによって、今まで選ばれたこと、飲まれたことがないような珍しいワインをお出しすることができるのも魅力です。なぜなら、ワインに詳しい方ほど"自分のスタイル"や"自分の好み"というものが決まっているからです。例えば、品種的にフランスのピノ・ノワール（Pinot Noir）以外はあまり飲んだことがないし、あまり期待していないのでそんなに飲みたくもないという方に、色が淡く、それでいて香りの持続性が素晴らしいオレゴン産のピノ・ノワールの飲み頃をそっとグラスでお出しすると、とても驚かれたり喜ばれたりすることもあります。

食前酒の選び方が大きな手がかりに

　何種類ものワインの中からどうやってゲストに好まれるワインを選んでいくのかというところなのですが、実はゲストの食前酒の選び方や考え方、メニュー選びの感覚を参考にしていることが多いのです。

　最初にさりげなく訊いているように見える食前のお飲み物なのですが「グラスシャンパーニュの銘柄は何？」と訊かれたり、

「マンサニーリャ[※1]（〔Manzanilla〕シェリーの一種）は久しぶりだね」などとおっしゃったりする選び方もしくは迷われ方、あるいはまたゲスト同士の自然な会話の中から、なるべく多くの情報を引き出そう、もしくは感じ取ろうとしています。

　あまり細かく言うと嫌われそうなのですが、最初に召し上がるシャンパーニュのグラスの持ち方や、突き出し（アミューズ〔Amuse〕）の召し上がり方、メニューの受け取り方やオーダーされる方法など、いろいろと、そしてこまごましたところにワインや料理に関しての経験値や、今回のお食事への期待値が現れます。こちらとしてもテーブルの横でボーッと"地球温暖化とホッキョクグマの関係"について考えながら立っているわけではなく、「ワインにお詳しいようなので、まずは白ワインであれば少し変わった産地や品種をお選びして」とか「赤ワインはぎりぎり高めの温度帯で、メインの料理に合わせて甘みを感じていただこうかな」と予想をしながら、ゲストごとのワインの献立といいますか、"喜ばれたいプラン"を考えていきます。ゲストが店に来られて最初の時間帯でのニュアンスを感じ取ることで、その後のワインの組み立てをどうしていこうかと判断しているのです。

グラスワインをブラインドで出す理由
「グラスワインは料理に合わせてお任せで」と言われたゲストには銘柄をお見せせずに、いきなりグラスでの味見をしてもらっています。

　ソムリエ・サービス的には、まずはワインボトルをお見せして特徴を説明して了解を得てからグラスに注ぐ、というのがグ

ラスワインのサービスの定石であり、後で誤解のないようにするための必要な段取りなのですが、うちではあえて、なんの前説もないままいきなり味見の量を注いで持っていきます。

　勿論「すっきり気味がいいですか？　少し滑らかなタイプや複雑系もありますよ」と大まかなお好みは聞いたうえでの作業です。それでも説明しているのかいないのかぐらいの、お好みのワインに近付けるための最低限の軽めの"すり合わせ"にすぎないので「どこの国です」とか「品種はこれですよ」といった情報はあえて出さないようにしています。

　ワインラベルを、つまり銘柄をあえてお見せしないでグラスでお出しすることで、なんと言えばいいのでしょうか、ある種の心地良い緊張感と言えるようなものが生まれるように感じます。ゲストの立場からすると、ソムリエにお任せにしてみて、「今日はどんなおいしいワインを探してくれるのだろう」という信頼感と期待感半分。もう一方では、「そうは言ってもお金を払うのはこっちだし、自分の好みと違っているものを出されたら困るし、ある程度はおいしくないと」という、隠しきれない少しの猜疑心というか、緊張感があるのは当然だと思います。

　そんな気持ちがあるからこそ「お待たせしました」とソムリエが運んできたワインに対しての"一口目"に、普通よりもかなり集中していただけるように思います。ラベルを見せられて「ふーん、そうなのね」と当たり前の段取りで出されたワインを飲むよりも、慎重に香りを嗅いで、ゆっくりと口に含んで「おいしいのかどうか？」と、意識をいつもよりも集中させることが、実はワインをいつもよりおいしく感じさせる秘密でもある、と私は考えています。ですから、できるだけ情報のないままブラ

インドでお出ししているわけなのです。

　ワイン係に完全にお任せしてしまったことに対して、多少は不安な気持ちのまま椅子に座って待っていたけれど、提案されたワインが思っていたよりもおいしくて、「ああ、これならOK」と一口飲んで安心していただくと、「この店ではお任せで頼んでも楽しめるし、大丈夫なんだ」という安心感＆安堵感が大きくなると思います。すると、緊張もほぐれます。そこから、食事に合わせてゆっくりと召し上がっていただきたいというのが、最近のうちの方向性であり、ある意味ワイン伝統国ではない日本でのワインをお薦めするスタイルのひとつの方向性であると考えています。

※1　マンサニーリャ：スペイン・アンダルシア地方で造られるシェリー（Sherry）のうち、特に海に近いサンルーカル・デ・バラメーダ（Sanlúcar de Barrameda）で造られる塩気を感じる飲みやすいシェリーに付けられた名称。

4．グラスが引き出すワインのおいしさ

グラスとワインの関係

　ゲストが選んだワインをいかにおいしく満足していただけるように提供できるかを考えるのがワイン・サービスの基本です。そのため、ワインを注ぐグラス選びにもこだわります。
「さあ、ワインを飲みましょう！」という場合に、いつもとは違った形状のグラスで飲んでみることによって、そのワインが持っている香りや味わいの特徴がいつもとは違って感じられるようになります。さらに、"今まで感じることのできなかった香りや奥底に隠れていた味わい"をも引き出すことができるのでは、

と常々私は思っています。

　その意味では、ワイングラスというのは"オーディオ・システムにおけるスピーカー"と同じ役割を果たしているのだと考えています。

　同じ曲を聴いてもオーディオ機器の特性や、使用しているスピーカーの得意な音域によって、聴こえる音や、全体的な曲の印象が変わって感じられるのは、皆さんも経験されていると思います。このスピーカーの役割をグラスに、音源そのものをワインに置き換えてみてください。同じワインであっても飲むごとに理解が深まるでしょうし、ワインをお気に入りのグラスに注いで飲むということがますます面白くなっていくと感じられることでしょう。

　勢い込んでここまで熱く意見を述べてはみたものの、それは本当のことなのか？　ここではその辺りについてのテーマを踏まえつつグラスとワインの関係について考えてみたいと思います。

ワインにはいろいろな表情が存在している

　私自身、ほとんど毎日、当たり前のように店で扱っていますが、ワインというものはなかなかに実態がつかめないものです。飲めば飲むほどに、知れば知るほどにいろんな表情を持っているなぁ、と気付かされることが多くあります。

　わかりやすいところでは抜栓してグラスに注いでからの温度の変化によって、香りや味わいが変わっていくということ。これとほぼ同じ要因として、時間の経過による変化も挙げられます。

　ワイン自体にボトル1本1本ごとの細かい違いが存在するのに加えて、飲む人ごとの"口に含む量"や"口に含んでから飲

み込むまでの時間"などによっても、ワインから受ける印象は異なっていくのかな、と考えております。そんな中で、"ワインの持っている香りや味わいをいかに伝えるか"というところが、ソムリエ・サービスのポイントなので、そのサービスにおいてソムリエの相方としての役割を果たしてくれるのが、私が考えるところのワイングラスの形状なのです。

グラスのタイプ

ワイングラスにもタイプごとに大まかに名前がついています。ボルドー型とかブルゴーニュ型などと呼ばれているものがよく知られていて、ボルドーやブルゴーニュの特徴をよりよく伝えるために形状を考慮したものです。具体的には"ボルドーの持つ深みのある渋みをおいしく感じさせる"目的や"ブルゴーニュの持つ、あの魅了される香りを逃さない"といったところが特徴です（チューリップ型と呼ばれる形状のものもありますが、これはなにもチューリップを嗅ぐためのものではありませんので一応念のため）。

では、グラスを違えてしまうとおいしくなくなってしまうのかしら？　というと、そんなことはありません。新たな組み合わせによってワインの違った表情を引き出し、わかりやすく表現してくれるようになります。

ワインの個性を探るためには

グラスの形は"ワインの個性に合わせて選ぶことが必要"を基本に考えています。

酸味を強調したい際にはやはり細身のタイプを使って、口に

入れた瞬間から細かい酸味を際立たせたいですし、やわらかい味わいや滑らかさを強調したい場合には、丸みのあるやや大ぶりのグラスを使い、縁をねっとりと伝わって下がっていく"ジョンブ"を際立たせたりと、それぞれの特徴をよりわかりやすく伝えたいというメッセージをグラスの形に込めます。

　グラスの色調は基本的には"透明"というのが最近では当たり前になってきていて、色付きのグラスで飲む機会はほとんどないのではないでしょうか。あくまでも人からこんなことをやっているよと聞いた話なのですが、ワインに関するプロ（ソムリエ、醸造家 etc.）を養成する際、外観による"先入観"を自覚するためのメソッドを使って、いろいろなシチュエーションの中で安定した鑑定ができるかどうかの練習がフランスで行なわれているそうです。

　これはどのように行なわれているかというと、グラスに入れた白ワインに横から青い光を当てます。そうすることによって、テイスターは香りのコメントとして青リンゴや、まだ青みの残る果実などを多く感じ取り、口に含むと柑橘系やミネラルなど、豊富な酸味のコメントを多く用いるようになります。次に温かく感じられるオレンジ色の光を当ててみると、同じワインに対して香りの構成要素としてアプリコットや洋ナシの果実香を感じるように変わり、味わいに関しては、酸化や熟成感を意味する単語が増えるそうです。実際には、同じワインであれば外光からの影響を受けても、コメントとしては同じでなくてはなりません。

　こうした作業から、そのワインが持つ特徴というものをコンディションによってぶれることなく理解できるように練習を重

ねていきます。幸いソムリエという仕事は毎日毎日ワインを試飲するチャンスに恵まれていますので、日常の繰り返しによって、特徴というものが感じられてくるようになってきます。ここで初めて冒頭に掲げた"ワインの個性"というものが見えてくるんですね。

　ですから、ソムリエという仕事も植木屋や大工、寿司屋などと同様の専門職であり、現場での職人的な作業の繰り返しによる経験を積む必要があり、そこからでないと判断できないこともあると思っています。

グラスの厚み

　グラスの厚みについてはあまり語られることはありません。というのも、最近では薄くて、今にも割れそうな（？）グラスが幅を利かせているからで、厚手で容量がそんなに多くはないクラシックなタイプのワイングラスはあまり見なくなりました。厚みのあるグラスの良いところは、ワインを飲む際の唇への当たり方がやわらかいことで、グラス自体の温度も口に含む際に感じられるので、やや高めの温度で楽しめる赤ワインとは共通性があるためなのか、あまり大ぶりなタイプではなくても、味わい的にはとてもよく合います。

　味わい的には…と書いたのには理由があります。実は香りの面から見ますと、グラスに厚みがあるということは、必然的にワインを溜めるボウルの部分が小さいということになります。そのため、香り自体が本来の力よりも少し弱く感じられることがあるからで、ブルゴーニュよりはボルドーの方がストレスなく楽しめるのではないでしょうか。逆に厚みのあるグラスの方

が良い結果を生み出すのは、ソーテルヌ（Sauternes）やハンガリーのトカイ（Tokaji）ワイン[※1]などの貴腐ブドウで造られた甘口のワインや、ポートワイン（Port Wine）などです。これらのワインのように甘み自体が力強いタイプにはあまり薄手のグラスを用いるよりも厚手のグラスの方が、その滑らかな"味わいの厚み"との共通項があるためによく合います。

　そして、この厚手のタイプのグラスが最も輝く用い方、それは蛍光灯の光が食卓の周りに存在せず、メインの照明が卓上のキャンドルに拠った場合です。厚手のクリスタルのグラスは、キャンドルの光によって落ち着いた輝きを表現し、まるでグラス自体が浮かび上がって見えるかのようで、ヴェルサイユ宮殿の鏡の間のディナーの再来かのような（少し大げさです）働きを見せます。

持った際のバランス

　これは厚手のグラスなのか薄手のグラスなのか、というところとあまり変わらない意見かもしれません。持った際のグラス自身の重さに加えて、さあ飲むぞ、という時に持ち上げやすいとか、口に近付けるのにストレスがないとか、それとは逆に多めに注いで持ち上げると少し傾きそうになってしまって困るなど、実際に飲む場合に手に感じられるバランスのことです。

　勿論好みも分かれるかもしれませんが、香りや味わいに関してどうのというよりも、バランスの悪いグラスだとあまりおいしく感じられなくなることは確かですし、店サイドとしても「せっかく購入したけれど、なぜかあのグラス出番が少ないよね」ということになりかねません。

グラスの特性をみる

やや若めのヴィンテージのボルドー（赤）を丸みを帯びた典型的なブルゴーニュグラスに入れると、グラスがいつもどおり頑張って香りを引き出そうとするためなのか、注いですぐにすりつぶした赤色や紫色の果実の香りがわかりやすく現れてきます。口に含んでみると、以前よりも甘みが早い段階から口中に現れ、余韻にかけて舌の奥の両サイドの部分に"こく"も感じられるようになります。

逆に少し背が高めのボルドーグラスに若いヴィンテージのブルゴーニュ（赤）を注ぎ込みますと、今度はブルゴーニュ特有の赤い花を思わせるやさしい甘みを帯びた香りが、少し引き締まった感じへと変化し、今までは感じ取ることのなかった"清涼感"という要素がグラスの中を支配し始めます。味わい自体も、香り同様に引き締まったニュアンスを表現し始め、丸みを帯びたグラスで飲んだ際には、あれほどわかりやすく感じられた甘みが舌の上に残りにくくなり、その結果フラットな味わいの印象を受けることになります。

勿論この感想は絶対的なものではなく、使用するワインによっても、またグラス自体の大きさなどによっても変わってきます。そのため、自分の店で扱っているワイングラスには、どんな特徴があってどういったことが得意なのか（香りや味わいを強調するのか）、はたまた苦手なのか（香りや味わいのどの要素を現れにくくしてしまうのか）を理解したうえでワインとの相性を考え、サービスすることを心がけています。

以上は代表的な産地のものを比べてみましたが、例えばイタリアの"ブルネッロ・ディ・モンタルチーノ（Brunello di Mo ntalcino）"を飲む場合に、これらのグラスをどう組み合わせればおいしくなるのか？　カリフォルニアのしっかりメルロ（Merlot）をどう飲むのか？　スペインでは"リオハ（Rioja）"と同じテンプラニーリョ（Tempranillo）という品種でありながら、その性格やしっかり感が異なる"リベラ・デル・ドゥエロ（Ribera del Duero）"のモダンタイプをどうコントロールして飲めば良いのかなど、ワインとグラスの組み合わせは無限にあります。

　そのためにもワイン・サービスを行なう場合には"このワインのどこを表現するか"という、サービスする側からの方向性が必要であることがおわかりいただけると思います。

料理に合わせるためにグラスを選ぶ

　グラス決定における大きな要因のひとつに料理との合わせ方があります。

　実際によくあることなのですが、例えば4人席のご接待でホストを含めた3名様は赤身のお肉料理を選んでいただいていて問題はないのだけれど、あいにくメインゲストが"スズキのポワレ・やわらかいクリームソース"を食べたいなというシチュエーションがあるとします。しかもメインゲストが料理に合わせて、「若い頃、リヨンに行ったことがあるんだよ」という言葉とともに、しっかり気味のフランス南部のローヌの赤ワイン"シャトーヌフ・デュ・パプ（Châteauneuf du pape）"を飲みたいというリクエストがあったとします。「この料理にはしっかりとしたローヌの赤ワインはなかなか合わせにくいですねー、それにこのワインはリヨンではなくてアヴィニヨン（Avignon）ですよね」としみじみ語りながらそこはかとなく方向転換を薦

める、というスタイルも、ある意味最近日本では見かけなくなった、"自分の考えや意見をしっかりと伝える勇気あるソムリエさん"と認めていただける可能性もありますが、ここでは産地や相性についての正しい意見が求められている、というよりは"ゲストのノスタルジー"を第一に考えるべきでしょう。

"ワインがだめなら料理を替える戦略"（ソムリエコンクール的な発想ではありますが）として「ではシェフと相談して、赤ワインソースに替えて黒胡椒も落としまひょか！」という作戦も、まあ無きにしも非ずなのですが、「いやいやクリームソースが好きなんだよ」と言われてしまうと、退路を絶たれることになりかねません。

そうなるとワインを提供する"プロ"のソムリエ・サービスとしては、ここで一般的な"白身魚とクリームソースには重めの木樽のニュアンスにあふれた白ワインがぴったり"という、あの若かりし頃のソムリエ試験で学んだ"クラシックな正統派"の考えを変えた方が良いでしょう。最初に掲げた"グラスの形状を選ぶ、時間経過と温度変化による特徴の変化を組み合わせる"という要素を組み合わせて、"選ばれたワインをいかにおいしく感じて飲んでもらえるのか"という考え方にした方がより自然で良いのではないかな、と思います。私の店のこの料理にはこのワインが合いますといった基礎知識を持つことは必要ですが、それに縛られてゲストが楽しみにしているワインの銘柄そのものを替えるのではなく、サービスする側の考え方や提供の方法を変えてなんとか満足していただけるようにもっていくのが大切なのではないのかな、ということなのです。

ではどうしたらいいの？　という考え方とその手順を具体的

に見ていきましょう。

グラスを決定するためにまず行なうこと
　まずは料理について考えます。
"この料理を食べた時に最も印象に残るのは何か"という点をまず初めに考えることが大切です。それについての決定を早く下さなければ、あーでもないこーでもないと考えている間にお皿が運ばれていってしまって、ワイン・サービスが間に合わなくなってしまいかねないからです。
　ここでのポイントは、"自分は何を考えてこのワインをサービスしようと思っているのか""ワインのどの部分を表わしたいのか"を明確にしてからサービスを始めなければならないということです。
「今夜はローヌの赤ワインを飲みたいなー」というゲストの言葉にうなずきながら笑顔を浮かべつつ準備に取り掛かるのですが、その時ソムリエ的な考えでは、今回のこの1皿については料理全体を統一するポイントは滑らかなクリームの質感、それに付随しての魚の個性だと考えます。そこから口に実際に含んだ時に現れるであろう要素を考えていきます。
　香ばしく皮目をかりっと焼いている山口県産のスズキの味わいと、それに絡む滑らかなクリームソースを口に含んでみる。すると香ばしい魚の皮目からの味わいがまず感じられるが徐々にクリームの味わいが支配的になり、ソースのベースに使われているエシャロットからきている甘みが後味に残る。生に近い焼き上がりの赤身の肉を食べている場合に比べると、口に入れてから嚙んで飲み込むまでの時間はそんなに必要ではないの

で、噛んでいる間に、口の中に先ほど飲んだ赤ワインからの渋みやスパイシーな要素が邪魔をせず、それでいてまったく消え去るのではなく、かすかに印象をとどめておいているくらいの方がおいしく感じられるはず…、と自分自身の今までの経験や実際に味見したソースとの相性を考えて、料理の構成を考えた後に分析していきます。

ワインのコンディションを探る

次に、注文されたワイン、今回はシャトーヌフ・デュ・パプをテイスティングして、注文いただいた料理となんらかの接点がないかを丁寧に探します。

もし複数のシャトーヌフ・デュ・パプをオンリストしていた場合にはグラスの形状やサービスを予想したうえで考えます。

例えば2002年ヴィンテージが"グルナッシュ（Grenache）の個性であるスパイシーさはあるものの、樽からの苦みや渋みの要素はあまりなく、後味にも強すぎる苦みは少ない"といった特徴のワインであれば、クリームソースとの出会いにもひと筋の光明も見えてきます。

一方、2005年ヴィンテージでは残念なことに"香りには黒いゴムのニュアンス、味わいには粉っぽいタンニンが多く、コットンのハンカチで口の中をふき取られたような、乾いた細かく引っかかるような収斂性のあるタンニンが後味を支配する"であった場合にはクリームソースとの相性そのものは難しくなります。料理の後にすぐにワインを飲んでしまっては、お互いの良さを消し去ってしまうことが多いので、パンを一口噛んでからワインを飲んでもらうようにするなど、合わせるための方法

論が変わってしまいます。

　もし複数のヴィンテージのシャトーヌフ・デュ・パプをストックしていた場合にはより可能性のあるヴィンテージや造り手のものをお薦めする必要があります。したがって、この料理には2002年ヴィンテージのものを薦めるということです。

サービスの段取り

　次はこの決定をベースに、現実面としてワインをどのように提供すれば、この料理とよりよく合わせることができるのかと、そこに着目してワインのサービス方法を決定していきます。

　シャトーヌフ・デュ・パプを抜栓後、まずは少し早めにデカンタージュをして空気に触れさせます。同時にワイン自体の温度がこの作業によって1〜2℃（場合によってはもう少し）上がるので、粘性がより感じやすくなり、粘性自体（グリセロール[※2]主体）はやさしい甘みを感じさせてくれます。赤ワイン全体の細かい渋みの質感を、口に含んだ際にすぐには感じにくい状態にすることで、今回のソースの滑らかなクリームに寄り添わせようとする作戦です。

　デカンター自体も底の部分が横に張り出しすぎているなどあまり大きすぎると、グラスに注いだ際に、ワインの酸味を後味や余韻にわかりやすく出してしまうことがあるので、あまり大きすぎないベーシックなタイプを選びます。あまりにも暑い季節や室温が高い場合などには、注ぎ込む前にデカンター自体の温度も最終的に持っていきたい温度帯を意識して少し下げておいたりもします。具体的な方法としては、シャンパーニュのバケツに氷だけを少し入れて、その上にしばらく置いておくので

すが、今回はクリームソースなので、この限りではありません。

いよいよグラスに注ぐ

　香りと味わいの滑らかさをなんとか引き出し、逆にスパイシーな要素は控えめにして、クリームソースを口に含んだ印象と同じくらいの"とろり"としたスピード感をポイントとして大切にしたいので、このワインには、見た目の印象からしてもゆったり、滑らかな大ぶりの丸い形のブルゴーニュ型のワイングラスを選びます。これも先ほどのデカンタージュと同じ方向性なのですが、香りのまろやかさを強調し、味わい自体の第一印象(ファースト・インプレッション)も滑らかなものに変え、「滑らかでなかなかおいしいね」という第一印象を感じていただけるように、ここにポイントをぶつけます。

　細身のグラスだと飲み込んだ後味に酸味が少し目立ってしまいますし、香りや味わいの滑らかさを強調するためにも、グラスの内部には香りを立たせる"大きさ"と、そしてそれをまとめて逃がさない役割をする"空間"が欲しいのです。

　ワインを飲む場合には、第一印象こそがその日の食事のかなりの部分を占めると言っても過言ではありません。恐る恐る「おいしいのかな？　どうなのかな？」と口に入れる瞬間の"最初の一口目をいかにおいしく感じていただけるか"を作り上げることがワイン係＝ソムリエとしての大事な要素です。最初の一口をなんとかクリアーできれば、その後はそんなに大きな問題は発生してこないだろうと思います。逆にここではずしてしまうとこの後の挽回は難しく、店に対しての信頼もなくなり、ワインに幻滅することになってしまい、なんとなく「盛り上が

ない食事でしたね」となってしまうので、ソムリエ・サービスとしては最も気を抜けない瞬間です。

※1 トカイワイン：世界3大貴腐ワインに数えられるハンガリーで造られる貴腐ワインの一種。甘口から辛口まで存在する（辛口のテーブルワインもトカイワインと称される）。
※2 グリセロール：粘性を表現する物質名。ブドウの生育コンディションが良いとワインに多く現れる。

食前は飲みやすく、アルコール分は低めのもの（空腹で酔いやすいため）をお薦めしています。

Colonne ― ②

マクシヴァンで毎日使っているグラス

どんなグラスを選べばいいのか、これから先にどういった形状のものを揃えればいいのかといった質問は、これからワインを飲み始める方からも、またすでに店を開いて営業をしている店のオーナーからもしばしば受けます。

愛好家の方には、グラス選びには絶対的なものはないので自分が使いたい、飲みたいと思うグラスから始めてはいかがでしょう、とお伝えしています。

一方、ワインに力を入れているレストランの場合には、"他店との差別化"を意識する必要があります。まず、自分の店に置いてあるワインの産地や品種や種類から考え、さらにはこのワインのどんな特徴を自分としては表現したいのかを考えてグラス選びを始めるのが順当だと思います。「このタイプはあまり使わない」「なんかこのグラスとは合わない」といったことが起きないように、長い目で見て選んでいくことが大切です。

ここでは、マクシヴァンで実際に使っているグラスを形ごとに紹介します。

細身のグラス　　口が広がったタイプ　　チューリップ型　　ブルゴーニュ型　　ボルドー型

● 細身のグラスで酸味を連想して感じてもらう

　食事のスタートにまずシャンパーニュという方が多いのですが、その後の1皿目に合わせたすっきりとした白ワイン用グラスには、見た目も涼しげな細身のグラスを選びます。この形状のグラスは口に当たる部分が細くなっているため、甘みなどのほかの要素に比べて酸味がわかりやすく表現できるように思います。

　マクシヴァンのメニューでは1皿目は冷製のお皿をお出しすることが多いので、温度的にも合い、心地良い酸味が感じやすい形状のタイプを選びます。

● 少し口が外に広がったタイプで滑らかさを演出

　2皿目は温かい前菜を出すように考えていますので、温度的に少し1皿目よりは高めの温度帯で"滑らかさ"や、口の中で"余韻が長く残るように感じやすいワイン"を表現できるようにと、このグラスの形状を選んでいます。このグラスを用いると、舌の上から口の中全体にワインが流れ込むように感じられます。そのため、様々な要素を分析するというよりも、全体の印象をより感じ取れるように思います。

　ブルゴーニュの白を出す場合にも、若いヴィンテージを選べばシャルドネの持つ滑らかなおいしいストライクゾーンを狙って提供できます。サービスの面から言っても、例えばたくさんの種類をグラスで楽しみたいといったゲストに対しても、1番目と2番目の白ワインのグラスの形状を違えておけば、間違えずに説明や注ぎ分けができると思います。

● 汎用性のあるチューリップ型

　しっかりとした香りや味わいの重みなどを表現したい時に使います。

　同じブルゴーニュの白を口が広がったタイプのグラスと、このチュー

リップ型に注いだ場合、香りもまとまりやすく、しっかりとした粘性と、余韻の長さを表現してくれるのがこのタイプです。このグラスは形状が大きすぎないため、ワインのヴォリューム感をわかりやすく表現してくれます。

　赤ワインに用いる際も、あまり大ぶりのグラスでは酸味が目立ってしまったり、凝縮感が得にくいと思われたりする場合には、あえて大きすぎないこのグラスを使用することによってゲストが予想していたよりも"はっきりとした渋み"や"アルコールのヴォリューム感"をグラスに注いだ最初から感じてもらえるようにします。重めの白ワインや、あまり知られていない地方産の地酒的なワインを飲んでもらう際に、香りや味わいをより強調して、1杯目から「これおいしいね」と言っていただくために活躍する場面が多いです。

● **中ぶりの丸みを帯びたブルゴーニュ型**
　このグラスに注ぐと、見た目や形状の持つ特徴からか、酸味が穏やかになり、味わいは全体的に丸みが感じられるようになり、後味の滑らかさや余韻に残る味わいの甘みがより強調されるように私は感じています。また、そこを意識してワインの品種やコンディションを考えて選ぶように心がけています。

　特にこのグラスを使うことによって大きな力を発揮するのは白ワインです。しかも"少し体力はあるものの、大きすぎるグラスではバランスを崩しやすいタイプ"や、ヴィンテージ的に少し古めのブルゴーニュの白ワインで"1級ものの持つ力強さや余韻に残るテクスチャーなどがやや控えめではあるものの、やる気のある畑仕事に忠実な造り手"のなかなかに頑張っている村名のクリュ（格付けされた区画）などをこのグラスに注いで、イメージ的には少し余力がある状態で、ゲストに飲んで感じてもらいたい

ということなのです。

　一番大きなグラスに注いでしまうと、香りがグラス全体を満たすことができず、物足りない印象で飲みきってしまったり、グラスのボウルの部分が大きいと温度が早めに上がってしまうことがあります。少しずつ表現していくタイプのワインでは、温度変化についていくことができず、そのため香りと味わいとの印象がちぐはぐになってしまうので注意が必要です。

● 大ぶりのブルゴーニュ型とボルドー型

　ワインの種類や個性に合わせて、できるだけ大きいグラスでワインを飲むというのも、レストランならではの楽しみのひとつです。しかし、ただなんでもかんでも大きければ良いわけではなくて、グラスが大きいということは、やはりそれに合ったワインを選んで入れなければならないので、サービス側としてはそこのところには気を遣う必要があります。

　さて、もっとも大ぶりのこれらのタイプは、その名のとおり、まさにこの産地の個性を生かすように作られたグラスです。ブルゴーニュ型は香りを優先、ボルドー型は味わいがより取れ、奥行きが残るようにと考えられており、この特徴を理解して使い分けることがポイントになります。

　しかし、せっかくの大きめのグラスに対して、名前のとおりのワインをただ注いでいるだけでは、あまり個性も進化も改良も生まれません。私自身ではメルロの少し古いタイプに対しては、香りがよく取れ、味わいにも甘みがやさしく広がるからという理由で、ブルゴーニュ型の大ぶりのグラスを選んで注ぐことが多いですね。

　最近話題のスーパー・スパニッシュと呼ばれるスペインのテンプラニーリョという品種で、世界中での高評価を最初から考えて造られたモダンなスタイルのワインの場合には、ボルドー型を使ってそのはっきりとした個性を表わし、同じ品種でありながらも、昔ながらのクラシックなリオハの

スタイルにはやわらかさが欲しいので、ブルゴーニュ型を用いて滑らかさを強調します。

●

それ以外にもイタリアのトスカーナ州のブルネッロ・ディ・モンタルチーノやバローロ(Barolo)、バルバレスコ(Barbaresco)。オーストラリアのバロッサ・ヴァレー（Barossa Valley）の樹齢のとても高いクラシックなシラーズ（Shiraz）など、世界中にある多くのおいしいワインに対して、あまり先入観を持たずに、いろいろと試すと、「ワインの味ってこんなにグラスからの影響を受けるんだ」ということがおわかりいただけると思います。ワインには産地や造り手や天候など、様々な要素が含まれているので、それを探るためにもグラスの形状を変えて試してみる価値は多いと思います。

私の店マクシヴァンには、かなりの種類のグラスを置いています。となるとやはり磨き上げるのも大変ではあります。

5. テイスティングについてのあれこれ

テイスティングはなぜするのか？

　テイスティングとは、目的があってこそのものです。
"おいしい飲み頃のワインを安く飲みたい"というのがワインの味見の基本・出発点だと思うのですが、プロとしてはそれ以外に飲み頃の確認の役割を持ちます。つまり、今飲んでいいのか、もう少し待つべきなのか、早く売り切らないと質が落ちてしまいそうなものなのか、巷の評判どおりなのか、そうではないのか？　など、ゲストに薦める立場として、いろいろな観点からの総合の判断が必要になります。
「直感的に感じるんです！」という方もいらっしゃるとは思いますが、ある程度ワインを飲んでいくにつれて、そのワインがどの辺にいるのか、すなわち飲み頃や価格についても、より正確に理解していくことができるのではないかと思います。ただしワインというものは世界中で造られているため、自分なりの香りや味わいに対する基準を作るのが先決です。したがって品種ごとに国の違いを見ていくなど、最初が大変なところです。

完璧なテイスティングは存在するのか？

　これはなかなかに難しい問題です。「毎日毎日真剣にテイスティングを行なっていくと、最終的には品種や銘柄やヴィンテージなどがわかるようになってくる」と、私も信じていたいところです。実際にはかなり精度は上がってくるとは思いますが、最近の醸造技術は世界的に発達し、人気のある、売れるワインに対しての需要が多くなってきますと、上質と呼ばれる

ワイン自体が似てきます。その中でも飛び抜けた個性が発揮できるようになると、偉大なワインと呼ばれるようになるのですが、それらのほぼ無限大とも思われるワインすべてに対してのテイスティングに完璧が訪れることはないでしょう。しかし、それこそがワインをテイスティングしていく楽しみが尽きない部分ではないかと思います。

　テイスティングを学ぶには、毎日たくさんのワインを並べておいて右端から飲んでいくというよりも、品種を揃えて、国ごとの違いを理解した後で、造り手やヴィンテージなどのより細かい違いに入っていかないと、まとまらなくなります。最初の一歩として、やる気のありそうなワインショップを見つけて、まずは品種の個性が発揮されているであろうワインを購入するところから作業を始めると良いでしょう。友達同士で3,000〜4,000円くらいまで品種を揃えて持ち寄ってブラインドで飲んでみるなど、種類を飲むことも大切です。またレストランに行った際に「すっきりとした感じのグラスワインをできれば違うものでください」という頼み方をすることで、自分自身では発見できなかったタイプのワインに巡り合うことができるかもしれません。

　こう考えていくとワインテイスティングというものには、終わりがありません。突き詰めるには大変ですが、ライフワークとして楽しみに少しずつ飲んでいく、そしていろんな人の意見を聞くことで、自分自身の経験の幅が広がるというメリットもあります。"継続"こそが、テイスティングの中で、最重要ではないかなと思います。

プロの行なうテイスティング ① 試飲会場で試飲する

　ここからは、私たちソムリエがどんな目的でテイスティングを行なっているのかを説明していきます。

　よくあるシチュエーションとして、試飲会場でのテイスティングがあります。例えば、あるインポーター（輸入業者）が試飲会をやります、といった場合にはまずどんなワインが出品されるのかを確認し、これは飲んでみたいとか、飲んでおくべきと判断した場合にはいそいそと出かけます。

　ここでよく見かけるのが、入り口でもらった出品リストを片手に１本ずつ口に含みながら、すべてのコメントをひとつひとつ書き込んでいる若いソムリエの姿です。まあこれはこれで間違っていることもなく、「頑張って」と応援したくなる"健気"な感じもあるのですが、ソムリエ業界のヴィエイユ・ヴィーニュ（〔Vieilles Vignes〕ブドウの古木）としての立場から少しのアドバイスをさせてもらうとすると、できれば同じジャンル、同じ品種のワインを順番にどんどん同じ感覚で口に含んでいき、その中でこれは良いと思ったところだけをメモするとか、このワインのここが特に良かったというところだけをメモしていくようにした方が良いと思います。なぜなら、"ワインに対して感じる、違いを見つける、特徴を感じ取る"という基本事項がおろそかになり、どちらかというとコメントを書くことにのみに夢中になってしまうからです。試飲会が終わった後、真っ黒になるくらい書き込みがしてあると、ちょっと自己満足光線が我が身を包んだりもしますが、いつそれだけのコメントを見直すのかというと少し口ごもったりしそうです。また、見返した際には、ひとつひとつ見直さなければ結局どれが良かったのか

つかめないため、無駄に時間がかかります。

・同じこと以外のポイントを書き込む

　例えばシャブリ地区のワインをずらりと20本並べて試飲会を行ないますといった際に、すべてのコメントに"緑がかった明るい色調、フルーティーで細かい酸味"とか書く必要はありません。というのも、シャブリ地区のワインにはこの特徴的な要素は存在しているのが基本だからです。もし"黄色みが濃くて、熟成感のある香り"があるボトルにのみ存在していた場合には、そのワインに対してはこのポイントを忘れずに書いておく必要がありますが、それ以外の一般的なシャブリにいちいち同じコメントを書く必要はないのではと思います。したがって「1番は酸味が目立つ」とか「4番は味わいが余韻まで滑らかだった」など、そのワインの特徴を書くことが必要になってきます。

　このようにそのワインの特徴のみをまとめて書いておいた方がテイスティングを行なってから時間が経って見返した際に、そのワインの特徴がわかります。さらに買うべきなのか、そうではないのかを、わかりやすくメモしておくことが、たくさんのワインを一度にテイスティングしていく際のポイントなのです。

・個人的な判断の目印を残しておく

　自分用の判断の目印を書いておくと、見直す場合により鮮明にどういった状態であったかが思い出せます。

　私の場合はとてもシンプルなのですが、○と＋の組み合わせを書いておくようにしています。外観、香り、味わいにおいて及第点が付けられるであろうと判断した場合には○を付けま

す。それに加えての個性や現時点での完成度などの観点において、＋のマークを与えていくというやり方です。

【佐藤流 味わいの判断メモ】
〇＋＋＋　これから飲み頃へと
〇＋＋
〇＋
〇－
〇－－
〇－－－　落ち気味

　"最高の評価、これはすばらしい！　なんとか手元に置いておきたい、私の店のゲストの好みにも合っていて良い！"の場合は"〇＋＋＋"とプラスを3つ重ねます。

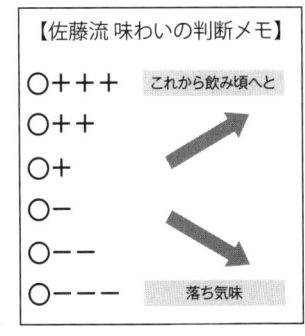

　それよりも少し下がる場合には"〇＋＋（プラス2）"。この場合には、「酸が目立つ」とか、「飲み頃まで少し待つべき」など、なぜこの評価に至ったかを必ずメモとして残します。

　そしてわりと標準的な出来栄えよりもなんらかの良いポイントがあれば"〇＋（プラス1）"としておき、これにも必ずコメントを付けるようにします。

　これに対して、もう少し香りがあればおいしいのにとか、この酸味が少し出すぎといったような状態であるとか、ほかの店で違うシチュエーションであればこのワインの個性が好まれるかもしれないが、うちで扱うにはゲストの層には合わないかも、といった場合には"〇－"と－（マイナス1）を付けます。

　私自身も好みではなく、飲む状況を変えて努力してみても残念ながらほかの店にも薦められないなといった場合には"〇－－（マイナス2）"とします。

　最初からなんの興味もわきません、残念、といった場合には、もうおわかりかもしれませんが"〇－－－（マイナス3）"と書きます。

これは私なりのやり方です。勿論100点方式や10点方式やいろいろな方法があってしかるべきではありますが、このやり方だと数が多いテイスティングの場合でもあまり疲れることなく書き続けることができます（100点方式だとたまに足し算の合計を間違ってしまうこともありますし）。

プロの行なうテイスティング ② 造り手と一緒に樽や瓶から試飲する

　私自身がこういったシチュエーションになった場合には、せっかくの機会だから自分が感じたり疑問に思ったことをあまり言葉をつくろわず、素直に訊くようにしています。しかし品種や造り手自身の歴史などは当然のごとく頭に入れてのことですので、ただの感想ではありません。年ごとの違いや、日本で扱っていて感じていたことなど、しっかりと考えたうえで質問することによって、その造り手の普段からの考え方や、ワインに関する情熱や方向性が聞ければいいなと、毎回真摯に、謙虚な態度で臨むようにしています。ジャーナリストの立花隆さんが著書で書かれていたように、質問される側の人間は、質問する人のレベルを見て答えてきます。「ほかの人にはここまで言わなかったけれど、そのポイントを訊いてくるのであれば、君にはしっかりとその理由を伝えよう」と思ってもらえるくらいの気持ちがないといけないのではないでしょうか。逆に、簡単に軽い気持ちで造り手に会ったりするのはどうなのかなと私は考えています。

プロの行なうテイスティング ③ サービス方法の決定

　これはどちらかというと確認の作業になります。抜栓してコ

ルクと香りを確認した時点で、このワインが現在の香りと味わいのストライクゾーンの、どの辺りにいるのかを判断して、温度確認をして提供するというのが基本です。「あー、おいしーなー」とか感じる暇はなく、それよりも、このワインをどのようにゲストに伝えればわかりやすいのか、どれくらいの時間でどう変わっていくのか、という自分なりの考えをできるだけ早い時間でまとめなければなりません。私の店は人手も少ないのですがゲストの飲むスピードは速いので、飲みたいという気持ちを萎えさせることのないように最速のスピードで方向性を定め、サービスに向かいます。

ワインの外観を感じ取るためのより細かいポイント

　ワインの外観にはいくつかの要素があり、まず大事なのは"色調"です。「色調を見極めるぞ！」と意気込む前に、少し気を付けなければならない点があるのでご紹介します。

　あまりここのところは、テイスティングの本や雑誌などでは語られることがないのですが、まず気にしなければならない点として、①テーブルの色、②照明の色、明るさ、③前に座っている人の上着の色の３つに気を付ける必要があります。

①テーブルの色

　試飲室のような環境ではテイスティングに影響を及ぼさないように、テーブルの上は基本的に白の色調になっていることが多いのですが、そういう整った環境はそんなに多くはないと思います。

　それよりは「知り合いの店のワイン会に出たら、テーブルのクロスがブラックだった。色合いが黒く見えてしまった」とか、

「薄い緑色だったために、白ワインがくすんだ色合いに見えた」という場合には、残念なことにテーブルの色にワインの色調が影響を受けてしまった結果だと思えます。その場合にはグラスをテーブルから少し持ち上げて色合いを見るとか、白い布を用意しておいてそこにかざして見直す、などの作業が大切です。

②照明の色、明るさ

テイスティングは照明にも大きな影響を受けます。

テイスティングの理想として、"午前11時頃の外からの光がやさしく入る室内。静かで特に香りのない環境で、あまり空腹でもなく食べすぎて満腹でもない状態を意識する"というのがあるのですが、最近はあまり聞かないですね。もう当たり前になってしまっているからでしょうか。照明器具からの光の当たり方で、きらきら輝いて見えたり、少し暗く感じてしまったり、白熱電球や蛍光灯、もしくはシャンデリア輝くホテルでの環境などで大きく変わりますので、ワインの色調を感じる前には必ず一度上を見上げて"この種類の光が来ているのね！"という確認作業が必要です。

③前に座っている人の上着の色

これは何列も机が並んでいる場合に多いのですが"白いシンプルなシャツの人"が前に座ってくれた場合と"とっても明るい蛍光色のピンク、少し派手なサマンサ・フォックスのプリント入り"を着た人が前に座っていた場合とでは、これはかなり違った外観（結果）になってしまうような気がします。真っ黒な上着などの場合も、照明の光と同様に大きな影響を及ぼしますので「あらあら気を付けなくては」と周りの環境に気を配るくらいの余裕も欲しいところです。

かなり多数のワインを見ていく場合には、だんだんとこういったことに関しての注意も散漫になっていってしまうこともあるので、最初に確認してから進めていくと良いですね。そうすればグラスごとや時間の経過によっての"ぶれ"も少なくなりますし、適正な環境下ではテイスティングは疲れることなく、集中して続けることができると思います。

6．よりよいワインを提供するために
〜ワインボトルを振って香りと味わいを育てる〜

ボトルを振るとはどういうことか？
〜そんなに荒い技ではないんです〜

　2、3年ほど前、テレビ番組の中で、"ボトルをガシャガシャと振って香りと味わいを育てます"という説明をしたことがありました。これについては、いまだにいろいろと質問を受けますし、説明不足のためなのかいまひとつ伝わってないようなところもあるのかな？　と思い、じっくりと説明したいと思います。

　ワインというのは瓶詰めされてから、皆様の手元に届いて抜栓されグラスに注がれるまで、光や熱や、紫外線から身を守るようになっています。ということは抜栓されるまでは、"香りを出したり味わいを広げたり"という方向性とはまったく逆の、瓶詰め時の"しつけ"を守ってじっとしているのです。それなのに、ある日突然明るい場所に運ばれ、グラスに注がれた瞬間に香りを出して、味わいも広げてすぐにおいしくなれ！　というのはワインにとってはまったく逆の方向性なんですね。

　急いで解消する方法として、デカンタージュによって香りと

味わいをおいしく育てていくという方法が採られています。しかし、ある程度価格帯の高いワインはそれでも良いとして、もう少しカジュアルな価格帯のワインに対して、デカンタージュが必要とか、グラスを大きめのものにしないとおいしいポイントが定まらないというのでは、なんのためにカジュアルワインを選んだのかが根本的に違ってくるのではないかと思います。

そんな時に少しグラスに注いだ後のワインボトルを勢い良く振ってワインを目覚めさせることは、デカンタージュと同じ"おいしくする"テクニックなのです。

1,000円ぐらいのカジュアルワインを帰りのコンビニで買って飲んでみたらなんか思っていたのと違った、なんていう時にこそ、この技（ちょっと大げさですが）を試してほしいのです。

グラスに少し注いだ後にもう一度コルクをして、振った時に液体が飛び出さないように、そして手がすべってボトルが空高く飛んでいかないように気を付けて、ガシャガシャします。慣れてくると、親指で抑えながら内圧を感じたりすることもできるようになります。

白ワインは、強く振ることによって泡立ち、酸味がわかりやすく全体に安定した状態になり、抜栓直後のくぐもった香りからハーブやその他の醸造時の特徴的な香り（第2アロマ[※1]と専門的に呼ばれている）がよりわかりやすくなります。赤ワインは抜栓直後の、香りや味わいのまとまりのない状態から、香りもまとまってわかりやすくなり、味わいもおだやかになっていきます。白、赤ともに最初に感じた強い印象がやわらぎ、飲みやすくなり（私なりの表現を使うと、染み込みが楽になり）そのため料理だけではなく、つまみなどにも合いやすくなります。

ここまで読んでいただければ、ワインボトルを振ることによってワインの状況が変わることがあるということをわかっていただけたと思います。次は、品種や産地別に、細かく説明をしていきたいと思います。

ワインの振り方講座 ① 白ワイン編
・ドイツワインの白について
　うちで使っているのはラインガウ（Rheingau）産とフランケン（Franken）産が多く、"豊富な酸"が香りと味わいに大きな影響を及ぼしています。抜栓してすぐには、少し人見知りといいますか、なかなかに香りと味わいが、すぐには開いてこないことが多いので、そこで少しガシャガシャと振ります。すると、香りもわかりやすく現れ、特に緑色のハーブやミネラル、柑橘系の香りなど、心地良い要素が前面に出てきます。振らずに飲んでいくと開けてすぐには味わいがまとまらず、酸味とほかの要素が少しもたついた感じで現れるのですが、"強制ガシャガシャ"の後ではそれぞれがバランス良く口の中で広がっていく構成になるためなのか、清涼感を伴った味わいに変化しやすくとても飲みやすくなります。
・サンセール（Sancerre）やシャブリなど、**酸味が目立つフランスの白ワインについて**
　基本的にはドイツの白ワインと似てはいるのですが、少し異なった結果を生むのは、フランス産の酸味が豊富なタイプです。ボトルを振ると、ドイツの白とは逆に、酸味が落ち着いて味わい全体が穏やかに感じられることがあります。

ワインの振り方講座 ② 赤ワイン編

　特に若いピノ・ノワールや、グルナッシュ系にはかなりの影響力が感じられます。

　ピノ・ノワールの中でも、例えば最近ではとても暑かった2003年、出来の良かった2005年などは開けてすぐには本来の持ち味である"やさしい香りと細かい酸味を伴った味わい"があまり現れてはこない場合が多く見られます。そこで少しアクションを与えてあげることによって、若いながらも現時点での素性の良さといいますか、ワインが備えている特徴や個性といった部分が表に出てくるように思います。ガシャガシャすると抜栓直後では"こもっていたように感じられる香り"や"もたつく味わい"にスピード感が加わり、すぐにおいしく飲むことができます。さらには時間の経過とともに香りと味わいがよりわかりやすく進んでいくために、料理との相性も見つけやすくなるとと思います。

ワインの振り方講座 ③ ロゼワイン編

　予想どおりの変化を発揮してくれるのがロゼワインです。ボトルを振ることでより楽しみが増えると思っています。

　最近ではとても軽く酸味の感じられるロゼワインが人気で、以前のような重く後味に鈍い甘みが残るようなタイプは少なくなってきました。軽いタイプのロゼは振ることによって、酸味がわかりやすくなります。もし重く鈍いタイプのロゼに当たってしまった時には、より念入りにボトルを細かく振ることで、香りと味わいの果実味がよりわかりやすくなり、アルコールの感じが軽快になり、その結果、するすると飲めてしまう、というよ

うに変化します。ロゼワインを振る場合には温度が大きな影響力を持つので、かなりしっかり冷やして試してみてください。

ワインの振り方講座 ④ 振ってはいけないワイン編

　これはもうおわかりかもしれませんが、滓があるものや年代の古いもの、振らなくても自分自身の力でおいしくなることのできるワインにはあまり意味がありません。

　滓があるものやそれなりに古いヴィンテージのワインは、基本に忠実に滓がボトルの中で舞わないように静かに操作してグラスへと注ぎます。滓がグラスの中に入っても飲めないわけではないのですが、口に含んだ際にじゃりじゃりとした部分が現れてしまい、味わいに違和感を生み出します。せっかくの料理と楽しみたい時などに、口の中に不調和感があるというのは避けたいので、こういったワインを振ることはありません。少し閉じていたり、接待などの席で、最初から多めの人数でおいしく飲みたい時などは従来どおりのデカンタージュや、グラスの形状に気を配ることで操作をします。

　時間の変化とともに自分自身でおいしくなっていくタイプのワインなどは、最初から振ってしまわずに、時間の経過を待って、そこをゲストに感じていただけるようにしています。「そこのポイントの見極めが難しいんだけど！」とは言われますが、そこはソムリエが気を付けます。その日のテーマやゲストの飲むスピードなどに合わせて、振ったり振らなかったりというところを判断します。

●

　ボトルを振っておいしくするのに "これが絶対" という法則

はありません。ただし飲んでみてひとつの可能性としての方法として試してみてはいかがでしょう!?　というところが狙いであり、存在理由であるわけなのです。

　家族の誕生日にお父さんがコンビニでおいしそうなラベルの赤ワインをせっかくだからと買ってきたとします。開けてみたらなんかいまひとつで盛り上がらない。「これがワインなの？　あんまりおいしいもんじゃないんだねー」となぜか買ってきた父親の存亡にまでかかわってきそうな雰囲気のその時!　焦らずにガシャガシャと家族みんなの前で振ってみる。なんとおいしくなったではありませんか!!「さすがお父さん!　伊達に年は取っていないね!?」というのが、私の考えるワインを振るのにもっともふさわしいシチュエーションなのです。

ワインの振り方講座 ⑤ レストランでのサービス編
「これおいしいんだよね。ゲストがブルゴーニュ好きなので、是非頼むよ」ということで、接待の席でお客様がデュジャック(Dujac)の2005年のモレ・サン・ドニ(Morey-Saint-Denis)をオーダー。ゲストの目の前で頼まれている以上、「おいしくなるまでには少し時間がかかりますよ」とも今更伝えられず、抜栓してみたところ、やはりいつもどおり少し引っ込み思案!　テーブルには男性が6人、今か今かとワインの到着を待っている。しかも次の料理をサービス係が何事もなかったかのようにサービスし始める。「いかん!　間に合わない!!」そんな時に（勿論、裏の見えない位置で）ボトルを振ることによって、香りを引き出し、味わいの甘みが出てくるポイントまで仕上げるというのは、家庭のお父さんではないにせよ、ソムリエとしては考える

べきではないのかなと、私は感じています。この場合、提供温度はグラスに注がれた時点で14〜16℃からのスタートで大ぶりのブルゴーニュグラスを使用、注ぐ際にはもう一度、泡を多めに立てながら香りを引っ張るように、ということも考えます。

　どうでしょうか、ボトルを振るための動機や意味付けはなんとか伝わりましたでしょうか？

ワイン以外の飲み物を振る

　最後に、ワインではなく度数が高めのアルコールについても語ってみたいと思います。

　実は、ワインよりも先に、カルヴァドスやウイスキーなどの度数が高めのアルコールを、ボトルを振ることによって香りと味わいに変化を出し、飲みやすくさせられないのかな？　といろいろと試した経緯があるのです。

　カルヴァドスやコニャックは常温で飲んでも甘みが残りおいしく感じられますが、スコッチウイスキーや特にシングルモルトなどは、最初はあまり好みとは思えませんでした。もともとバーボン好きだったので、それに比べるとなんか薬くさいし、「まあ個性的とはいえ、どうなんだろうなー」と感じ、そのためあまり飲む機会もないまま時間が過ぎていったのです。

　しかしここ数年、モルトについてはコンクールに備えてといった事情もあったため、いろいろと資料を集めたり、雑誌で醸造所の取材の記事を読んだりするにつれ、「そういえば最近しっかりとは飲んでいないし、どうもおいしそうだな」とイメージが膨らんでいました。そんな時に、ちょうどタイミングよく"シングルモルトを飲み比べてコメントを作成する"という仕事の

依頼があり、「これ幸い」といろんな飲み方を試してみたのです。

　あまり氷で冷やしすぎないとか、じっくりと時間をかけて自然に立ち上ってくる香りを楽しむとか、少しの水を加えて香りを立たせる、グラスの形状を変えてみるなど、ソムリエ的な考え方から、それなりに変化を捉えて飲み比べました。その時、さらに何かないかしら？　とボトルをガシャガシャと振ってみたのです。

　個性としてのピート香までを消し去ろうとは思いませんでしたが、少しマイルドにはできないかなという考えからでした。結果的には振ることによって、モルト初心者でも好まれるようなまとまりが、香りと味わいに現れました。寒い時期にはモルトをちびりちびりと楽しまれるゲストもおられるので、そういう方には食事のスタートに食前酒として薦められるのではないかというような好印象に変化しました。水割りを片手に語り合いながら、少し軽く食べたいというシチュエーションにおいては、少し低めの温度のしっかり振ったウイスキーを注いだグラスに、やさしくミネラルウォーターを加えると、香りと味わいが最初から馴染んでいるためにとてもまろやかで、ついつい飲みすぎてしまう味わいへと変化するように思えます。

　昔読んだ雑誌の記憶にあるのですが、ある初老のバーテンダーの水割りが絶品で、ついつい飲みすぎてしまうんだそうです。その秘密は、バーテンダーがグラスの中でバースプーンを猛スピードで回転させ混ぜ合わせるその動きにあったそうなんです。噂ではその動きに目を留めたとあるメーカーの技術者が洗濯機の水流の回転の参考にしたとか。また、いつも同じところに手を添えてくるくると回すのでバースプーンが同じ箇所だ

けぴかぴかに輝いていたとか、そのような記事が載っていたのです。

　そんな記事が頭の片隅に残っていたのか、そんな味わいで飲んでみたいなという気持ちがボトルを振って空気を混ぜ合わせてみるという考えに至った経緯なのかもしれません。

※１　アロマ（Aroma）：香りの総称。品種からの個性を第１アロマ、発酵醸造からの個性を第２アロマ、熟成によって得られる個性を第３アロマと分けて表現する。

７．買い付けと在庫の管理

買い付けは店の個性を決める

　買い付けというのはとても大事な作業です。特に日本は世界中からおいしいワインが輸入されていますので、その中からうちのゲストの好みや料理との相性、季節感、ほかのワインストックとの兼ね合いなどを総合的に考えて買い揃えていくのです。

　マクシヴァンでのワインの買い付けは、基本的に私ひとりで選んで直接電話をして頼んでいます。

　ワインの品揃えというものはソムリエの個性や店の方向性を決めるうえでとても大切なことであり、勿論売り上げにも響きます。店のスタッフにも一応は「何か欲しいタイプのワインがあれば言ってね」と訊いてはみるものの、最終的には私ひとりで決めています。

　勿論店ごとに買い付けの方法はあり、"これが正解です"というものはないと思います。しかし、テーマというか、"なぜこのワインを提供したいのか？"というところに、店やワイン

係としての主張が欲しいし、そこが重要だと思います。

マクシヴァンとしては、ある程度のワインのストックは持っておきたいという考えと、たくさんあるストックの中から今おいしく価格的にも適正という部分を大事にして料理に合わせてワインを飲んでもらいたいという考えがあります。

「複数年のボルドーの5大シャトー[※1]が揃っていて、世界中の有名ワインや希少価値のあるワインも実は揃っています。遠慮なくなんでも言ってね！」みたいな環境になれればそれは素晴らしいことなのですが、現実的には資本力の少ない個人店で、しかも土地代の高い東京の店舗で営業を行なう場合はストックの場所も限られてしまいます。したがって、世界中のワインの中から選択を行ない、香りや味わいが今おいしく感じられて、さらにこれから先の飲み頃のタイミングも考えたうえでいろいろと購入しています。

"抜栓してすぐにおいしい飲み頃"を考えての買い付けとは？

良い年、"グレート・ヴィンテージ"と呼ばれる年に造られたワインは、しっかりしていて体力もあるので、ワインが目指している香りや味わいの特徴が出るまでには時間がかかります。したがって、グレート・ヴィンテージばかり揃えてしまうと、若いうちには何を飲んでも強くて大変、ということにもなりかねません。そこで、おとなしいヴィンテージや早飲みできるヴィンテージのものも考慮して揃えていきます。

うちではブルゴーニュを頼まれる方が多いのですが、だからといって「ニュイ・サン・ジョルジュとポマール（Pommard）は絶対に置いておかないとね」という考えはありません。それ

よりも、実際に抜栓してすぐにグラスに注いで飲んで、おいしくやさしく感じられるスタートダッシュの良い特徴的なピノ・ノワールを３種類買い付けます。そしてそれを基にして、それらのアイテムよりも少ししっかりした特徴を備えているタイプを２種類選びます。

　その後でゲストに人気のある有名産地や、もしあれば飲んでみたいであろう造り手にも目をやります。例えばよく知られているヴォーヌ・ロマネの１級（できれば少しの熟成感は備えているタイプ）とシャンボール・ミュジィニー（〔Chambolle-Musigny〕清涼感のある香りと、後味に樽のニュアンスよりも果実味主体の甘みが自然に残るタイプが望ましい）の生産者を選んでいくというようにして、最初に選んだ基本となる５種類に加えての個性を考えてバリエーションを増やして揃えていくのです。

　出来上がったリストの結果から見てみますと、無意識に選んでいったわりにはブルゴーニュのそれぞれの村からうまく揃うような形になっていることもあるのですが、決して北から南に村ごとにバランス良く選ばなくては、ということではありません。"今現在、私の店で飲んでいただいた時に、ゲストにご満足いただけるラインアップになっているかどうか？"というところが、私のポイントでありテーマなのです。

"今はまだ自分探し中"のワインを買い付ける

　今はまだそんなに個性が出ていないが、将来性を見込んで購入するワインもあります。

　最近では2005年のワインは最初からおいしく飲めるタイプ

も多いのですが、さらに時間を置くことでより深みや表現力を増すだろうなというワインが多く造られていました。こういった場合にはなるべく時間をかけて、ワインがおいしくなる時期をきちんと見据えたうえで提供したいので、しばらくは静かに育てるというか、置いておくことが必要になります。

　今抜栓しておいしいアイテムと、例えば3か月後にはおいしくなるであろうアイテムと、もう少しかかるだろうけれども将来必ずおいしくなるからそれを楽しみに置いておこうというアイテムとをうまく混在させた買い付けを考えることも、店にあるワインの魅力を維持するためには大切な考えだと思います。

"おいしい飲み頃"が長く続くタイプも備えておく

　今まで書いてきたこととの繰り返しになるかもしれませんが、飲み頃が短く早く終わってしまうことのないタイプ（酒質）のワインの在庫も意識します。

　これは品種や国の個性によるところも多いのですが、やはりピノ・ノワールよりはカベルネ・ソーヴィニヨン（Cabernet Sauvignon）やシラー、そこに樽の要素などがうまく加わっているタイプのワインが該当します。これらのワインはおいしく感じられる時期が長く、酸味が顕著に出始めたり、味わいのバランスが崩れ始めた、下がり始めた、少しやつれてきた、縁側でじっと座っている？　などと言われ始めるまでの時間がほかのワインに比べるとゆっくりです。ある程度の在庫本数を持っていても、長い期間にわたっていつ抜栓してもおいしく、裏切られることなく、第一線で頑張って活躍してくれるというイメージがあります。これらのワインは季節をまたいで少しずつ提供して

いくことができるので、まとめて在庫としてあればなかなかに重宝します。

　理想としては、ワインは良いものが出た時に買って、じっくりと寝かしたい。そのためにはストックも必要かなというのが私の店での考えです。

在庫管理の難しさ

　ワインをいろいろと購入していくうちに在庫というものが現れてきます。できる範囲内でたくさん在庫があり、ゲストの希望に沿って、ほかではないようなものが現れてくるというのはワインを楽しむうえで大切なことだと私は考えています。したがって店を始めて10年ですが、その間に少しずつワインの在庫、ストックの数は意識して増やすようにしてきました。こう言うと立派に聞こえますが、「気が付くと、なんか自然と貯まってきたなー」という感じです。「今回は数量限定ではあるものの、スポットで珍しいものが入るので押さえておきたい」とか「業者さんの年度末決算期で特価品が出るので、それなら今在庫はあるけど買っておこう」などとしているうちに、在庫が自然と増えてきたと言った方が正確かもしれません。

　フランスで働いていた時は、ワインカーヴが大きく、かなりの本数を有する店が多かったので"今現在、何が何本あるのか⁉"という確認作業は時間のかかる大変な作業でした。毎月月末にはワインの数え直しと、半年に1回はリキュールやオー・ド・ヴィー（〔Eau-de-vie〕蒸留酒）なども含めて徹底的に在庫を数えていました。これによってリストにまだ載せ続けるのか、載せないで新しく次のアイテムに進む、すなわち買い付けを行

なうのかという判断をするためです。

・在庫ワインに問題があります編①
〜飲み頃を過ぎたワインが巣食っている?〜

　買い付けのところでも書きましたが、ストックにも"健全で必要なストック"と"少し弱りかけたストック"というものがあります。これらのことに気を付けて、考えた買い付けをしていると、在庫の幅が厚くなり魅力的なワインリストを作っていけるようになります。飲み頃を過ぎた、少しお疲れな感じになってしまったワインの在庫ばかり抱えていては、これはいくらワインの在庫本数がすごいですと言っても、あまり魅力的な在庫とは言えません。

・在庫ワインに問題があります編②
〜価格帯が偏ったストック〜

　ワインリストを頼むと、とてもカジュアルなワインがリストに載せられていて、それ以外は名前の知られた超有名ワイン、しかも1本4〜5万円クラスのものばかりリストに載っていることがたまにあります。頑張って買い揃えたのだろうと推察されるのですが、このようなワインの価格帯のバランスでは今の時代には実用的な在庫管理とは言えません。買い付けと、飲み頃と、そしてこれからを考えたストックのバランスが大切です。

※1　5大シャトー:ラフィット・ロートシルト(Lafite-Rothschild)、ラトゥール(Latour)、マルゴー(Margaux)、ムートン・ロートシルト(Mouton-Rothschild)、オー・ブリオン(Haut-Brion)の5つ。1855年のパリの万国博覧会のためにボルドーを代表するワインを5つのランクに格付けしたうちの、最高ランクに格付けされたシャトーのこと。出荷価格など、現在でも大きな影響力を持つ。

8. ヴィンテージの考え方

"今年の出来栄え＝ヴィンテージの評価"の予想

　夏の終わりになると、どこからともなく聞こえてくるのが虫の声、ではなく、"今年のワインはどうなるのか？"という予想についてです。「どこそこの産地は雨が多くて気温が上がらずにだめみたいだ」などという、予想というよりもただの噂が流れることも多くあります。「今年のフランスはとても恵まれたヴィンテージらしいよ」という全体を取りまとめての印象や、「シャンパーニュは遅霜(おそじも)のせいで今ひとつみたいだよ」というように、わりと産地ごとに区分けされての評価だとか予想や噂が聞こえてきます。いったいどれをどのように信用すれば良いのか、鵜(う)呑みにすると危険なのか、はたまたこれらの予想は誰が決めて、どこから出てきたものなのか？

　ここでは、収穫前の段階で毎年多く飛び交う推察や希望や予想とも言える、ヴィンテージ情報について語ってみたいと思います。

天気との関係

　ワインという飲み物は、皆様よくご存じのとおり、醸造用ブドウから造られます。したがってブドウの出来・不出来そのものが、その年のワインの質を決めるということはおわかりいただけると思います。そして、その基本であるブドウは農作物なので、その年の出来・不出来を決定付ける一番の要因はやはり天候ということになるのです。

　そしてこの天候の中でも一番大きな要素は"お日様と雨"に

よるもので、ブドウの生育期間を通しての日照量と降雨量、特に収穫時期に雨がどれくらいの量でどう降ったか、またトータルでどれくらいの量が降ったかでも、ブドウの質が大きく変わります。一時期に集中してすごかったがその後好天が続いて良かったとか、1週間しとしと降り続いて湿気も多く土壌も冷え込んだためにそこからブドウの実が再び熟し始めるまで時間がかかって大変だったとか…と様々です。

　ブドウの生育には、長く安定した日照量が必要です。春先から天候に恵まれすくすくと育ったブドウが、収穫時期に降り続いた雨のせいで、"わや"（開高健氏口調で、だめになってしまうというかわいい？関西弁）になってしまうことを生産者は最も恐れているのです。

　さらに細かく見ますと、「雨が降り始めても、ブドウが根から水分を吸い上げる前に、素早く手早く収穫を終えることができるのであれば、ワインの質にはそんなに影響はない」という、樹齢が高く傾斜地に畑を持っている生産者の意見はもっともです。樹齢が高いブドウの木の根は基本的には地中深くに根を張っているため雨が降ってもすぐには水を吸うことはないと言われています。さらにそこが急斜面であれば雨水は表土を伝わって流れていくため、雨水の影響から逃れることができるという考え方があります。「いやいやそんなことはない。ブドウの房に少しでも雨が付くと、もうそれだけでワインの色調や香りが薄くなってしまう」という粘土質の平地にピノ・ノワールを植えている生産者の意見もうなずけます。ピノ・ノワールはほかの醸造用ブドウよりも果皮が薄いため、湿気を帯びてしまうと表面の皮が割れやすくなることもあり、さらには、平地であ

れば湿気により病気も発生しやすくなってしまうからです。産地や品種や、それぞれの畑の位置関係などで、ミクロクリマ（微気象）に違いが生じているため、ブドウ栽培農家同士でも場所が違い品種が異なれば出来栄えについての考えは細かく違っていくのです。

また同じ産地の中でも川沿いの区画は雹(ひょう)にあってよくなかったとか、山沿いに限っては収穫直前に雨が降りブドウの濃縮度合いに違いが生じたなど、細かく見ていくと、同じ産地であっても地形が入り組んでいたりするとこれまた限りがありません。

購入すべきかを見極める判断基準

「なぜ、出来たワインを飲んでから、よく味わったうえでもう少し落ち着いて出来栄えを決めてはいけないのか。これこそがヴィンテージ・チャートと言えるものであり、その方が確実ではないか。あまり早い時期からの予想なんかなくったって平気じゃないのかな？」と疑問をお持ちになる方もいらっしゃると思います。実は愛好家の方とは少し異なり、ネゴシアン[※1]（Négociant）や輸入業者がワインを購入するためには、ほとんどの場合において、ワインとして出荷される前の、早い段階での買い付けの予約が必要なのです。

特に人気のある有名ワインを購入する場合は、早めに手付金を出して予約しておく必要があります。「今年は良い出来だから、やっぱり20ケース買いましょう。評判も良いみたいだし、そろそろ電話でもしてみるかな」なんていうのんきな気持ちでは間に合わず、購入できません。

フランスのボルドーのシャトーものなどでは"プリムール[※2]

(Primeur) 買い"と呼ばれる段階、すなわちワインとして瓶に詰められる前の樽に入れられている段階で買い付けておいて、その後、瓶詰めされてある程度落ち着いてシャトーから出荷されるのが一般的です。なるべく早く情報を集めて、買い付けの予算を準備・確保しておかなくてはいけないのです。最初の価格が最も安いことが多く、この初出荷の価格自体をプリムールと呼び、それから時間がたつにつれて価格は上がっていくことが多いのです（下がってしまうこともあります）。

"どこのワインをどれぐらい買っておくのか？"をなんとか早く決定付ける判断基準が、毎年の出来栄え、すなわちヴィンテージ情報となります。まずは天候の情報を集め、それぞれの産地のコンディションをできるだけ調べ、出来てすぐのテイスティングに参加して大まかな出来栄えを確認してから購入計画を立てます。そのために予想といえども基本的なヴィンテージ・チャートが大事に扱われ、重要視されます。

誰がワインを決めるのか？

・神に恵まれしヴィンテージ

毎年秋、ボージョレ・ヌーヴォー（Beaujolais Nouveau）の出来が話題になりますが、なぜか毎年"良い出来栄え""神に恵まれし年"と繰り返されているような気がしませんでしょうか？「そうか今年も良い年なのか、造り手の方々も良かったね、ブラボー！」という性善説的な方もおいででしょうが「エーたまには悪いって年もあるんじゃないの？」とお感じの方も、これまた然りではないでしょうか？「前の年と比べると、わりと良い年でした」とか「収量は少ないもののブドウの出来は良好」

など、「なんか本当はいろいろとあったんだけどね、そうはいってもあんたその辺は言わんでも、わかるでしょう」といった感じで素直には出てこない、というのがヴィンテージの評価というものの役割なのかもしれません。

　ヴィンテージ・チャートは、もともとはそれぞれの生産地を束ねる委員会が、大まかな出来具合を"宣伝"の意味で発表したところから始まっています。例えばロワール（フランス西部）委員会はロワールワインの悪口をあんまり言わないでしょうし、ボージョレ委員会が自分たちの産地について「今年は落胆の年、ブドウの出来は目を覆う惨状」と言うこともありません。まあ、実際に栽培技術の向上や醸造テクニックの開発などで、昔ほどひどいヴィンテージの影響をそのまま受けてしまう、ということがなくなってきたのも理由のひとつに挙げられます。

・太陽のヴィンテージ・月のヴィンテージ

　この言葉はワインの世界は勿論のこと、味覚教育の世界でとても有名なジャック・ピュイゼ（Jacques Puisais）という方がある記事で述べていたものです。

「ヴィンテージには大きく分けてふたつある。お日様の影響を受けた年（太陽のヴィンテージ）と、お月様の影響を多く受けた年（月のヴィンテージ）だ。お日様に恵まれた年はブドウの出来栄えも良く、そのため長熟が可能なしっかりとしたワインが出来る。また雨や曇りが多かった年は、お日様ではなく月の影響を受けたやさしい特徴を持った、早くから楽しむことのできるワインが出来る。このように異なった特徴を備えたワインが出来るように、いろいろな年が混ざるのは自然の摂理なんだよ」という内容で、これには感銘を受けました（さすがフラン

ス人！　説明上手!!)。

　あまり良い年ばかりが続くと熟成に手間取り、硬く引き締まったワインばかりになってしまい、早く熟成する飲み頃のワインのストックが少なくなってしまい、うまくいきません。

　実際にはあまり恵まれなかった年もあってこそのワイン産業ですが、どうしても現代社会に生きるためなのか、あまり欠点を伝えずに良いことばかりを言っておこう、ばれたらそこから引いていけばいいや、みたいな"モロッコの市場の値付け"のような感じのヴィンテージ評価が最近特に多いように思います。

・ワイン評論家の評価

　これにもいろんなタイプの評論がありますが、やはり評論で名を成しているのはワイン・オークションでも有名なイギリスで一日の長があります。

　なんといっても昔から自国にワイン産業がなかったわりには、たくさんフランスワイン（特にボルドーワイン）を飲んでいましたから、論評も情報のひとつとして大きく発展してきました。「何年のシャトー○○は避けた方が賢明」とか「買い占めた方がいいくらいおいしい」とかのアレですね。やはり自分の国のことではなく横のライバル国のものを好きなように言っていればいいわけですから、そりゃ楽しいですよね。

　例えば日本のお酒の評論家が、新潟のとある造り手のお酒を悪くは書きにくいわけですが、その点イギリスの評論家にとっては別の国のお酒です。ある意味好きなことを書けるわけで(勿論かなりの責任はありますが)、そこからワイン評論が文化として栄えて伸びてきた、という面もあります。

　アメリカの評論家のように100点で満点という考えの人もい

れば、50点満点の人もいたり、有名ソムリエがコメントを載せたり、とワイン評論は人それぞれの主観によって決定されています。ワインの好みは個人それぞれのものなので、自分に合った評論家やソムリエを見つけ、そのコメントを確認していくことが大切ではないかなと思います。

マクシヴァンの"ヴィンテージ評価"に対する評価

　私自身は少し時間が経ってからの評価を待って、参考にしていることが多いです。

　早く買わないと値段が上がっているのでは、という疑問もあるかもしれませんが、まあその辺は仕方がないのかなと考えています。変に焦って、確認せずに他人の評価のみで買うことは、店の在庫を形成する大事な仕事としては難しいことです。

　また、香りや味わいに落ち着きが出て、本当の意味でのワインの出来栄えが現れるのに、やはり2年くらいは待ちたいという点もあります。その頃になると「意外に早飲みのヴィンテージだった」とか「時間の経過とともに評価が上がってきている」など、収穫してすぐの意見とは異なった評価が、あちこちから漏れ聞こえてきたりもすることが多くなります。ワインに対する評価も熟成をしていくんですね。

　出来たばかりや、樽からの試飲でもそれなりの評価はできるのですが、やはりビンに詰められて、少し落ち着いた状態を確認して"前後左右をゆっくりと確認しながら"購入するという私自身のスタイルは変わらないと思います。したがってヴィンテージの評価は"気には留めるけれどあまり気にしない"というのが私のスタイルです。

※1 ネゴシアン：日本語に置き換えると"仲買人"となる。特にボルドーワインの場合、シャトーが直接販売することは少なく、仲買人を通しての販売が伝統的。
※2 プリムール：一般的にはボルドーの先物買いのこと。先にワインを予約注文するシステム。ヴァン・ド・プリムール（Vin de Primeur）という場合はその年の"新酒"を意味する。

マクシヴァンのワインセラー。中にはグラスに水を入れて水温計を挿してあり、実際の液温がわかるようにしてあります。

Colonne ―③

飲み頃についての考察

"飲み頃"については多くの意見があり、これが絶対的だというものはない、と私は思っています（ヒュー・ジョンソン〔Hugh Johnson〕やロバート・M・パーカー Jr.〔Robert M. Parker,Jr.〕の意見も勿論参考にはしますけれど）。しかし、実際にはよく聞く言葉です。ここではそんなところについて語ってみたいと思っています。

● ゲストがイメージしている飲み頃

　ワインのセミナーなどを始める際に、私がよくする質問に、「あなたにとって甘い果物とは何でしょう？」というのがあります。バナナ、イチゴ、メロン、パパイヤなど様々な意見が出ますが、すべて正解です。だって甘いんですから。甘い果実だけでもこんなにバラエティーがあるのです。このワインは少し甘みがあるね、といった時にもこれくらい個人差があるのかもしれません。

　強くしっかりとしたワインが好みで普段はカリフォルニアワインを多く飲んでいるというゲストは、少し若い感じのタンニンをおいしい（飲み頃！）と思われるでしょうし、実家がイギリスにあって、昔からポートワインを飲んでるような家庭に育った方は、「（飲み頃って）やはり細かい滑らかな味わいでなくちゃね」って、おっしゃるだろうと思います。

　甘い果実とは何かという質問に対する回答と同様に、ワインに対しての感想も、実際には皆様が思っているほど一定ではないなと私自身は感じることが多くあります。みんなそれぞれかなりの個人差があり、その中での共通項を探して、毎回の食事やゲストにワインを選んでいく、というのがソムリエの役割なのですが、その時のゲストが普段どんなワインを飲ん

でいるのか？ という各個人の経験によって、飲み頃感というのはみんな違うように感じています。

また、ソムリエにも個人差があります。口に含んだ際のタンニンの乾き具合で判断する人や、飲んだ後に残る後味の甘みの残り具合で判断する人などを見てきましたし、ソムリエ自身も飲み頃の決定についてはそれぞれのやり方があるのです。

● **ワイン自体の飲み頃を見分ける場合**

これはそのワインのタイプや品種や造られ方、育てられ方によって、おいしく感じられる時期がまちまちなので、それぞれ1本ずつ細かく見ていく必要があります。

1996年のブルゴーニュの白などは"この年に多く見られる典型的な酸"が酒質を守っているためなのか、いまだに味わいに細かいほぐれ方を見せていないものもありますし、逆に暑かった2003年産の中には、予想外に早くやわらかくなって、育ちが早いものがあります。

このようにそれぞれのワインについて、さらに細かく言うと同じ産地の、同じ造り手のものでも、実際にはボトルによる差というものが存在してくるわけです。

●

私自身は、ソムリエとしての経験と、ワインに対する知識と、謙虚な気持ちと、コンディションなどを総合したうえで、このワインの飲み頃は？と判断していくように心がけています。

また、"飲み頃を過ぎた"という表現はあまり好きではなく、"やさしく穏やかな味わい"とか、"染み込みの楽なタイプ"など、なんとか良いところが見つかればという気持ち、説明の仕方でワインと接しています。

第3章
日々是学習
~ソムリエを続けていくために~

1. サービスを身に付けるには

日本のフランス料理店でのサービス今昔

　私がこの仕事についた頃、ソムリエとしての基本的な抜栓の姿勢やデカンタージュのやり方、という前に、飲食業のサービスとしての立ち居振る舞いというものに対してはかなり細かく言われたものです。

　清潔な髪型や身だしなみは勿論のこと、驚いたのは「サービスの人間は夏でも日焼けするな！」と言われたことです。「忙しくて休みが取れない、バカンスに行くことのできないゲストのことを考えろ！」ということらしいです（うーん、なるほど？）。

　客席でのサービスについては"あごを上げて客席を見ない、手を後ろで組まない"をはじめとして、店内での歩くスピード、どうしても急ぐ時の歩き方、皿を持っての移動の方法や、皿をテーブルに置く時は親指の爪ひとつ分くらいをテーブルの縁から離して置くと盛り付けがきれいに見えるとか言われました。この業界に入ってすぐの頃は「何かやるたびになんか言われる（教えていただける!?）」みたいな感じで細かい決まりごとが多くて大変でした。

　しかし、仕事ができていないということに自分自身で気が付いていましたし、上から「あーだこーだ」と言われる理由も納得できるものでした。怒られる時は「それはないだろーっ!!」と感情的ですが、先輩の説明が理論的でそれに伴った実際のサービスは見ていてもさすがにきれいであったので、「早くああいう風になりたいものだ」と強く思っていました。物腰や話し方、料理の説明からワインの決定に至るまでのサービスのリ

ズム感や話し方のスピード、忙しい時でも急いだ感じのしない抑揚を付けた説明の仕方に至るまで、横を通るフリをしたり、近いテーブルで減ってもいないグラスに水を注いだりしながら、聞き取って学ぼうと努力した記憶があります（当時は、横に立って聞いていると仕事の後に「止まって聞くことはだめだ」と怒られました）。

「あの頃のサービスの人はねー」と言うと「今もそうだよ！」と怒られるかもしれませんが、プロ意識が高く「私が運ぶと、ほかの人が運ぶよりも各段に料理がおいしく感じられるはず」という強力な自己への自信と責任感（とちょっと多めの美意識）を持っている人が多かったですね。その人が客席を意識的に何かして盛り上げるわけではないのですが、個性のある、やる気のある優秀なサービスが店にいることで、店の雰囲気が落ち着き、ゲストもリラックスして召し上がっていただけるということを肌で感じることができた良い時代でした。

　そういう先輩は、営業前の事前確認はいつの間にか自分自身で済ませていました。VIPの（少しうるさい？）ゲストの来店時間やどのテーブルに通すのか、お隣のテーブルにはどのゲストを誘導するのかから、担当するゲストのお好みの食器のメーカーに至るまですべて覚えています。「7時のご予約のA様はヘレンドのお皿がお好みで、香草の強いのがアウト」とか「4名でいらっしゃるB様は食べるのが速いので気を付けるように。それと前回はフォワグラの火の通し方に少しご不満だったので、注意事項として調理場に事前に連絡をするように」と、ミーティングの段階で、サッカーの試合前のロッカールームのように"チームワークと戦い方"ではないですが、仕事の進め

方に対しての方向性の確認をしていました。

　それというのも、当時のゲストもサービスの人間に負けず劣らずの個性派が多かったせいなのかもしれません。

　とあるゲストはいらっしゃるたびに「まずはコンソメをあまり熱くしすぎない温度で」と頼まれます。それを味わうことで、今日の料理の出来具合がわかるそうなので、それを元に料理をオーダーされます。また別のゲストは、春先にフランスのロワールから届くホワイト・アスパラガスがあると、「直径1.5cm以上のものがあるならいただこう」とオーダーされます。その方曰く、今の季節的にはそれぐらいが一番おいしいそうです。また別のゲストからは、とても忙しい時間帯に「このお皿の温度が低いからソースが香ってこない。残念だよ」と言われたこともあります。「そうか、そういう考え方もあるのね！」とも思いますが、なかなかに気の休まらない毎日です。

　ワインに関しましても個性派が多くおられました。ワインの温度にとてもシビアな方で「温度がやっと理想になってきたので、今注ぎ足しをしてはいけない」とおっしゃるゲストや、シャンパーニュを注ぐと耳にグラスを持っていって、「この銘柄はやっぱり泡の音がほかのものより際立つなー」と目を細めていたりするゲストもいて、「ふーん、そんな世界観があるのか」と驚かされたりもしました。

　ただし、こういったいろんなことをご存じのゲストに鍛えられたというのはあります（今考えると、当時はびっくりしていたことの方が多かったような気がしますが）。こちらもいろんな面で勉強をしていないと、「知らない君に話しかけてごめんね」ぐらいな感じで、"あからさま"にがっかりされてしまうの

で、仕事に関係のある内容に関しては勉強する必要がありました。フランスの3つ星のレストランについてとか、旬のトリュフの話題、フランスの大まかなブドウの出来栄え、地方料理などについての会話にはなんとかついていこうと考えて、本を読んだり（給料があまりにも安くて買えないので立ち読みしたりして）、ゲストと支配人の会話をさりげなく聞いていたりすることで、いろいろと情報集めをしていました。

現代の飲食店でのサービス

　一流フランス料理店と言われる店のサービスが最高です、と言うつもりはあまりありません。私自身、実際にフランスなどで働いてみて、3つ星に格付けされているレストランにおいても、予想していたよりも大雑把なところもあるなーと正直感じたところもありました。

　ただ一流店や、評判の良い店、勢いのある店というのはさすがに教育が行き届いており、やる気のあるスタッフの数も多いので、玄関でのお迎えからお見送りまでなかなかに"ほころび"が少ないと感じます。料理が出てしまってデカンタージュを行なってのワイン・サービスが遅れてしまったとか、デザートのワゴンサービスのタイミングがかなりのテーブルで重なってしまいゲストをお待たせしてしまうなど、忙しい時などに少しほころんでも、問題が発生している部署にスタッフを回したりと、全体の組織力でゲストが快適に時を過ごせるように攻め上がります。そして最後にチップという形で満足度が表わされるのです。サッカーの勝ち点みたいですね。

　勿論、ヨーロッパのゲストは食事をそんなに急ぎませんし、

会話を続けながらゆっくりと待っていてくれます。そういったゲストの醸し出す雰囲気に助けられるというところもあるのですが、問題の発生した時などにサービスの人間それぞれが最短距離で何をすればよいのかを確実に認識していることが、やる気のあるレストランのサービスのあり方として認められていくうえでの矜持(きょうじ)であるように思います。

海外と日本でのサービスの違い

　海外と日本の飲食店とでは目指すところが違うのは当たり前のことですし、ワインと同様かもしれませんが"気候・風土・歴史に合った"やり方というものが、あるはずだと思います。

　サービスとしては"きれいにお皿を3枚持って笑顔で運べます"というのは大切かもしれませんが、そこで満足してしまっては、この仕事が楽しくならないんじゃないかなと思います。日本にはフランス料理以外にも一流、もしくは高級と呼ばれる店が多く存在し、焼肉であれ蕎麦(そば)であれ寿司であれ、それぞれの分野においての丁寧なサービスというものがあってしかるべきです。さらには私の店ならではという個性が求められます。特に最近のゲストは、料理は勿論のこと、雰囲気や店の人のサービスも含めてトータルに考えて店を選んでいるのだと思います。

　逆にパリなどでは、良い店というと以前はフランス料理しかなかったように思います。しかも、その中のどの店に行くのかという選択肢に大きな位置を占めるのは、支払い金額のヒエラルキーによって、という倹約家のフランス人らしい理由が多いように思います。

その点日本では、一流の蕎麦、一流の寿司、同様にてんぷら、和食、イタリアン、フレンチ、中華料理とそれはもうとめどなくおいしい店、一流店と言われる店が存在しています。そんな環境の中で良いサービスを身に付けるには、フレンチのサービスだけを見るのではなく、それぞれの料理の原点であったり、歴史であったりを学ぶことが必要になってきます。

　今までの話とは矛盾してしまうかもしれませんが、日本の飲食店で働いているのに、そんなにトリュフやチーズなどヨーロッパの特産品を覚え込む必要はないかもしれません。それよりも自分の店の料理についてより細かく作り方を聞いて、理解して、楽しく説明できるようにしておくことや、仕入れている魚の産地や野菜の栽培方法、果物や野菜の旬の時期に関してなどを調べていくことが先決なのではと思います。うちの調理場のまな板はなんていう種類の木なんだろうとか、今回届いた昆布の種類はなんだっけ？　など、興味の対象は限りありません。

　こういったことを考えながら仕事を行ない、さらに様々なことを感じ取るためには、職場での環境も大切だと思います。上に立つ人間が常に資料を調べ、調理場との連携も良く、良い店にしようと努力を続けることで、ゲストに恵まれ、楽しく忙しい環境が築き上げられ、その結果として自然と店全体の知識やサービスも磨かれていきます。

　私は、チャンスがあれば、この業界に入ったばかりの若いサービスの人間にいつも言うことがあります。「若いうちは給料も安いし、時間も長いかもしれないけれど、絶えずゆっくりとでも進もうという意識を持つことが大事だ。それを重ねていけば将来的には給料も上がり、ゲストとの関係も築くことができる楽

しい仕事だと思いなさい。そしてそれを忘れないこと」と。そして、「時間が長い、やることが多い、給料が安い、人が遊んでいる時に働かなければならない、と考えてやるのか。それとも、1年を通じて冷暖房完備で命の危険もなく、ご飯もそれなりに出てきて、一生懸命やることでゲストから感謝され、人に喜ばれる、と考えてやるのか。"ある意味選ばれた仕事"であるのだから、そんなに簡単にはいかないこともあるけれど、続けていかないと…」と伝えています。ただ、体罰があるとか、人間関係がどうしても合わない職場であれば変わることを考えることも必要だと思います。そうでないと、この仕事自体を嫌うようになってしまうからです。

気持ちの良い"サービス"を行なうには
　本来飲食店で求められる"親しみのある気持ちの良いサービス"というものは、サービスをするその人自身の内面から自然に出てくるべきことが理想と言えます。そのためには「子供の頃に本をたくさん読みました」とか「おいしいものを食べるのが好きな家庭だった」とか、そういうことも大切なのかもしれません。

　勿論それだけではなく、この仕事についてからどう変わっていけるかも大切なポイントです。仕事に自分を合わせられるかどうかが、この職業上向いている！　向いていない？　ということなのかもしれません。

　店内での立ち居振る舞いや、お皿を運ぶ際の姿勢など基本的なサービスの形は、なるべく目標となる人を見つけて、見て覚えるようにすることが必要です。慣れないうちは自分の姿勢

というものを絶えず意識しながら作業を行なうことがとにかく大事です。

　ワインに関しても同様に学習と経験との積み重ねしかありません。ただ日々を過ごして、「次の休みはいつかな？」と思っているサービスマンと、様々なことを試しながら過ごしているサービスマンがいるとします。それぞれに等しく過ぎ去っていく日々の積み重ねも、どう時間を過ごすかで長い年月では差が付いてしまいます。

　ワインの抜栓が早いとか、デカンタージュをこぼさないというのも基本で大切ではあります。しかし、ルーティーン・ワークで年を取っていくのではなく、絶えず魅力のあるサービスマン（ウーマン）と呼ばれるためには、基本の動作を身に付け、いらしていただけるゲストの気持ちになることが必要です。そして良いサービス係になりたい気持ちをいかに持ち続けることができるか、そこが一番大切なのではないでしょうか。

　そしてそこから"良いサービス"というものがやっと身体に染み込んでくるのだと感じています。

ある日のメニュー。あまりお待たせしないように調理場も頑張ってくれています。

2. ソムリエとして知っておいた方が良い知識

ソムリエは毎日ワインに触れているので、ワインに詳しいのは"当たり前"です。豊富な経験を持ち、ゲストに信頼され、長続きするソムリエになるためには、それ以外にも様々な知識が必要です。ここでは、ソムリエに必要な知識、そして、知っておいた方が良いと思われる知識について考えてみたいと思います。

まずは料理を知る

なんと言いましても必要になるのは料理の知識です。料理とワインとの相性をしっかりとした説得力を持って説明するためにも必要不可欠と言って良いでしょう。

自分の店のシェフの作る料理は勿論、できれば普段はあまり扱わないかもしれないけれども、個性ある地方料理の歴史や伝統、さらには国境を越えてイタリア、スペインやその他の国々の代表的な料理についての知識も必要ではないかなと思います。

・素材について

素材に関しても同様です。例えば、フランスで厳しい飼育規制の中で育てられることでよく知られている"ブレスの鶏"はどのように育てられているのかは知っておく必要があるでしょう。それ以外の一般的な鶏に関しても飼育期間や個体の大きさによる呼称、その特徴の変化などを覚え、その特徴によってどのような料理法と組み合わせるのかといったところまで探っていきます。

例えば鶏ですが、雌鶏＝プール（Poule）、肥育鶏（若い雌）＝プーラルド（Poularde）、去勢鶏＝シャポン（Chapon）、若鶏＝プー

レ（Poulet）と称されます。なかでも穀物飼育の1kgを超えて2kg未満くらいの大きさをプーレ・ド・グランと呼び、ひよこはプーサン（Poussin）と呼びます。さらに雄鶏＝コック（Coq）と、いろいろと名前が変わります。味わいや特徴が変わっているため、それぞれに向いた料理法があることも知っておく必要があります。

・説明する単語と言葉の使い方

　こんなにたくさんある全部の鶏の種類を、いつも完璧に覚えているソムリエというのも逆に怖い気もしますが、そこまではいかないにせよ、例えば自分の店で使っている鶏はどの種類なのか、どんな状態で料理して出されるのかを確認して、そのポイントを伝えられたりすると、ゲストも調理場からお皿が出てくるのが楽しみになるでしょう。

「鶏肉を焼きましたよ」と言うだけのサービスに対して、「香りがあり、食べやすい肉質のフランス産の若鶏を低めの温度でじっくりとローストしました。その味わいを生かすために今回はこのワイン○○○をお薦めいたします」と言った方が、よりプロなのではないかと思うのです。ただし、これから頼もうとしている横で「とってもやさしい性格の鶏でした（過去完了形⁉）」と言ってもどうかなと思いますし、「のびのびと育てられた鶏肉です」と言うのも、「食べてごめんね」と少しかわいそうに感じられるゲストもいらっしゃるかもしれません。プロとして知っていなければならない知識の中から、何を引き出してわかりやすく伝えるのか。またそれを伝えるために、いかに臨機応変に言葉を選んでいくのかというところは大切です。

・知識は日々の積み重ね

　そのほかにも、葉巻やらリキュール、ウイスキー、グラッパ

(Grappa)、アルマニャック（Armagnac）、また、オリーヴオイルの作られ方や世界各国のチーズなどに至るまで、飲食店に置いてあるすべてのものに対しては、詳しく知っておきたいところです。さらに、コーヒーや紅茶、食器の種類など、覚えることはたくさんあります。新人でまだ慣れないうちはやらなければならないこともたくさんあるので、覚えていくのは大変です。しかし、これらの知識は長くこの業界で生きていけば自然と身に付いていくものでもあります。だからこそ、この仕事を長く続ける意味もあり、飲食関係の仕事は続ければ続けられたほど楽しいということも言えると思っています。

ゲストを覚える

「ゲストのお好みなどをしっかりと覚えなさい」と昔は先輩によく言われたものです。これもとても大切なことで、料理よりも上位に来るとも言えます。好きな料理は勿論、苦手な食べ物や、前回の来店時に何を頼まれたなどは、メモに残して顧客カードとしてまとめている店も多いと思います。それ以外にもどの席がお好みとか、いつもわりとゆっくりと召し上がる、もしくはとても食事のスピードが速いなど、快適に過ごしていただくために、店側が気を付けるべき点を確認しておくことです。

　長く通っていただけるためにも、リピーターのゲストの好みを覚えるということは当然のことなので、とても大切なポイントです。

ゲストとの会話を弾ませるために

「ワインでは負けないぞっ」というのも必要ではあるのですが、

実際にはワイン以外にもいろいろなことに興味を持っていることが、広い意味でのサービスの幅を広げるように思います。

時計が好きとか、絵画に造詣が深いとか、クラシックが好き、ジャズをよく聴くとか、人それぞれに好きな分野があると思います。「覚えなければ」「もっともっと知らなければ」と無理やりに詰め込むのではなく、自分自身が元から好きで、趣味として続けているものがゲストとの話の中で自然と膨らんで、話が弾んでいくことがある、というのもサービス係としては楽しいところです。

私はゴルフをしないのでゴルフの細かい話はできませんが、昔から音楽は好きでよく聴いていたので、私の若かりし時代のロック、ポップスの曲に関しては詳しいです。「毎日落語を聞いて寝ています」みたいに、何か無理のない自然な趣味がゲストとの会話につながったりするところも、この仕事の楽しいところではないでしょうか？

気が付くと本も増えていってしまいます。

Colonne ④

私が葉巻に目覚めた頃

　ワインを毎日見つめ続ける日々を送ってはいるのですが、実は葉巻も好きです。とはいっても仕事の関係で平日は吸えず、ごくたまに休日に軽めのタイプを吹かす程度ではあるものの、ここ何年かに少しずつ買い貯めた葉巻は気が付けばかなりの量（ワインボトルを70本ストック可能なワインセラーが葉巻の箱でいっぱいになるくらい）になってきました。

　私は子供の頃からのどが弱かったせいもあり、もともとタバコは吸わないので、葉巻についてもあまり深い関心はありませんでした。香りは良さそうだし、映画に出てくるシーンを見ているので、なんとなくの興味があった程度です。ところが、かつて勤務していたレストランでは、訪れるゲストのために、フランスの本店と同じようにシガーの品揃えが多くあり、ワイン同様に葉巻についてもいろいろと調べる必要に駆られ少しずつ興味を持つようになってきました。

　当時、20年以上も昔は、葉巻についての文献もほとんどなく、フランスに行った時に重い本を探しては買い、海外に出た際に免税店で買ってきた葉巻を、どこがおいしいのかな？　いろいろと自分なりに試していました。比較のテイスティングは仕事柄お手のものなのですが、ワインとは違い、同時に違う銘柄の5本の葉巻に火を付けて一口ずつ吸っていくというのは不可能です。ワインの持つ個性と同じように、吸い始めから中盤、そして最後のクライマックスと、時間によって感じられる香りや味わいに変化が現れます。しかも吸い方によっても味や香りが変わり、ゆっくりとふかすようにすると、煙の温度が上がらないために、とろみのある、やさしい余韻が口中に残るような味になりますし、逆にせっかちに強く吸うと、今度は少し刺激が感じられる、辛口の味わいになるわけです。

ワインを比較するようにはなかなかうまくいかず、同じサイズの葉巻の銘柄の違いによる比較結果というのはワインほどのはっきりとした違いは出ませんでした。しかし、かなり集中していろいろと試したので、葉巻の香りや味わいや、1本ごとの癖、吸い始めから時間をかけてゆっくりと吸っていった時に現れる最後の3分の1ぐらいからの主張があるのか？　残念ながらないままなのか？　みたいなところに、面白みというか、ワインのボトル差みたいな細かい楽しみがあるんだな、ということがなんとなくわかってきたように思います。

　当時の勤務先のレストランでは、ゲストに詳しい方が多かったことも幸いし、葉巻の銘柄、すなわちコイーバ（Cohiba）とかモンテクリスト（Montecristo）、レイデルムンド（El Rey del Mundo）などの名前は勿論のこと、それぞれのブランドがどんな銘柄を作っているのか、キューバ産とドミニカ産などではどんな感じに違うのかなど、ゲストからいろいろな話を聞くこともでき、なかなかに楽しい大人の世界だなという印象がより深まりました。

● 葉巻のおいしさに目覚める

　私自身、個人的にはまだそんなに「葉巻がおいしい！」とか「これなしでは生きられない！」といった気持ちになることはありませんでした。でも、こんなに好きな方が多く、しかも大の大人がみんなとても楽しそうに語り合っているということは、どこかにその秘密があるのだろう、そしてその境地に私もなんとか至りたいと考えました。仕事が終わってうちに帰ってから免税店で買ってきた"ヴェガフィーナ（Vega Fina）"というドミニカ産の葉巻を、その当時は1週間のうちになんとか2、3回は吸うように努力して、いつかおいしく感じる日が来るのだろうかと試していたのです。

今思うと「あんなに一生懸命よく続いたな」と自分自身その情熱の出所を不思議に思います。おそらく、繰り返すことによって、いつかは私にも、葉巻の扉が開かれるのでは、とそんな気持ちでいたように思います。

しばらくしたある夜にふと思いつき、いつもの同じヴェガフィーナではなく、なんとなく箱のデザインが面白そうなレイデルムンドの"シュワスプリーム（Choix Supreme）"に火を付けてみました。「キューバ産はのどに来るよ」と聞いていたので、恐る恐る試してみたところ、その当時の私の好みに合うものでした。口に含まれる煙のとろりとした感じや、あまり強すぎない味わいのアタック、そして後味に広がる少しスパイシーで出すぎない感じ、吐き出した煙の粘り具合や豊富な量など、「これこれ！ これが探していた感じのものだ！」と認識でき、それからしばらくはこの銘柄を大事に吸っていました。葉巻は基本的に1本1本個性が違うので、これが結論だとは言いにくいのですが、キューバ産でありながらそんなに強すぎず、おおよそ40分から1時間ぐらいで吸い終えることのできるシュワスプリームは葉巻選びに困った時の私のお気に入りになっています。少し小さめの氷を入れたピエール・ユエ（Pierre Huet）の9年もののカルヴァドスとの相性も抜群です。

● 葉巻の産地・キューバを訪ねる

葉巻についていろいろと本を調べたり、文化や歴史について調べていったりしているうちに、そこは現地に行って感じるというのが基本姿勢のソムリエという仕事柄、本場に行って、実際に見てみたいと強く思うようになりました。ツアーに参加して本場のキューバに行ったのはもう10年くらい前になるかと思います。アメリカとの国交がない関係でアメリカ経由だと空港でキューバ産の葉巻は没収されると聞き、そのためにカナダ経由での旅になりました。

ハバナに着くと、昔のままのアメリカ車が走っていました。風情はあるものの、クラシックなままの車の排気ガスの臭いにびっくりしたことを覚えています。旧市街を通りつつ進んでいくと、ここにはどんな品質の葉巻があるのだろうと期待が膨らみます。

　キューバにとっては観光客が大事な収入源なので、外国人向けのホテルはしっかりと清潔な造りでサービスもそんなにひどくありません。トイレットペーパーが少ないよ！　といった"がせねた"もありましたが、そんなに悪い印象ではなく、国のレベルからいくとかなり頑張っている感じを受けました。この旅では、ヨーロッパでは手に入らないものを中心に探す予定でしたので、ホテルに着くと真っ先に葉巻の店に突入です。

　支払いは基本的にはカードです。アメリカとの関係もあるためアメックスは使えないものの、VISAは問題なく使うことができます。問題なくとは言ったものの、電話回線を使用しているせいなのか（？）とても時間がかかります。「アレーおかしいなー。今、つながらないなー」などと待たされることもあり、なかなかに大変です。

　さらに葉巻の工場見学の後に、気合いを入れて「良い品質のものを探すぞ！」とまとめて買おうとした際に、30人ぐらいの葉巻購入ツアーみたいな感じの観光客などと時間帯が重なってしまうと大変です。彼らは買う人はひとりで8箱、10箱と、「ここで買わんでどうするんじゃー！」と、それこそ"ごっそり根こそぎ"という形容詞がぴったりな感じでコイーバ狙いで買っていくので、それはそれはご想像どおりすごいことになります。

　1軒の店で葉巻を選んで、いろいろと見せてもらって「それではこれを買います」と言うまでの時間を合計すると、あっという間に1時間30分ぐらいは経ってしまうので、この調子で葉巻の店を回っていると、あっという間に1日が終わってしまうのです。

　キューバの葉巻の店の良いところはわりとにこやかに箱を開けて中身を

見せてくれるところです。「やっぱり中身は見たいでしょ、わかるわかる」といった感じで、そんなに嫌な顔もせずに、シールを手際よくはがして見せてくれます。「もうひとつ別のを見せてほしい」と告げて、次の箱の中の葉巻の状態が良いものだったりすると、「ふふ、私の葉巻選びも、まんざらではないな」と、自己満足に浸ることができます。いくつかの店でかなり大量の箱の中身を見ることで、やはり、細かい色や香りや湿り具合の違いなどがわかってきたように感じました。

キューバで葉巻を購入する際に大事なのは、必ずレシートを確認して保管しておくことです。これをきちんとやっておかないと、空港で没収されたりすることもあるそうなので、そこのところは面倒くさいのですが、気を付けてください。帰りの空港で、鞄の中の葉巻が正規の購入なのか、"闇"（街中で「コイーバ安いよ！」と結構売り込みにきます）で買ったものではないか確認されるので、そこだけはしっかりと準備をしておく必要があります。

●葉巻を買う時の参考本

フランスやスペインなどヨーロッパで葉巻を買おうとした場合、『Le Morane：Guide Annuel Du Cigare』というガイドブックを参考にしています。なかなかに優れもので、大まかに言うと葉巻のミシュランガイドブックみたいな感じで、ヨーロッパ各国の、さらには各都市の葉巻屋さんの場所や、置いてある葉巻のラインアップ、保存の状況（！）に至るまでうまくまとめてあるのです。料理やホテルのガイドで有名なミシュランのガイドブックが星のマーク（エトワール）の数でポイントを決めているのに対してこの本は"葉巻マーク"で表わしてくれています。

例えば、パリに行く場合、フランスのパリの葉巻を扱っている店がほとんど載っているので、「自分が滞在するホテルから最も近い葉巻屋さんは

どこかな」、とか、「その後リヨンに行くので、優れものの葉巻屋さんはないかしら？」といった場合にすぐに探すことができます。

● パリのお薦め店

　最近では、せっかくパリに行ってもなかなかのんびり散策する時間が取れないことが多いのですが、そんな中でもなんとか時間を作ってメトロのパレ・ロワイヤル＝ミュゼ・デュ・ルーヴルに近いその名も"シヴェット（〔A La Civette〕麝香猫(じゃこうねこ)）"という店には寄るようにしています（ここは前述のガイドブックでは最高の５つ葉巻マークの店です）。

　ここは私の若かりし頃のフランス修業時代から、なんとなく気になっていた店ではありました。しかし、レンズ豆で生き延びていた私です。葉巻なんか買えるわけないやん！　といった感じで、中に入ったことはありませんでした。ただ、近くに日本語の本屋さんがあったので店の前は頻繁に通っていました（実際には『OVNI』という情報誌ばっかリタダでもらっていました……）。

　帰国して改めてパリを訪れた際にこの前を通りかかって、「そうだこの店ってあったなー」と得意の"あの頃・ノスタルジー光線"を出しながら、なんとなく敷居が高そうなところを恐る恐る入ってみました。ここは店内がとても見やすいだけではなく、なんと言えばいいのか説明しづらいのですが、店全体に"とっても葉巻な雰囲気"があふれていて、葉巻は勿論ライターやシガー・カッターなどをなんだかんだ見ているとすぐに時間が経ってしまうのです。

　店に入ると右奥に葉巻の部屋といいますか、ウォーク・イン・ヒュミドールがあり、中にはかなり多くの種類が見やすく並べてあります。この店の楽しいところは、限定商品といいますか、あまりほかの葉巻ショップ、例えば空港の免税店などでは見つからない"スペシャル・キュヴェ"みたい

な感じの葉巻が見つかることにあります。一般的に有名なハバナ産の葉巻は、頑張ってお金を払えば日本でも買えないことはないのですが、ここではあまり見たことのない名前のものやマイナーな国のものが、うまくタイミングが合えば購入することができるので、最近はもっぱらそういったセットを少しずつ買っては老後の楽しみに溜め込んでいます。

ここは昔ながらのレジのシステムで、まず葉巻を選んで店の人に渡すと、何やら書いてくれて、それを持ってレジに行って支払いをします。そうこうしているうちに自分が選んだ葉巻を買った本数や大きさに合わせて葉巻の木箱に入れてくれ、それを今度はレジのレシートを見せて受け取るというシステムです。買った本数に合わせて、いろいろなメゾンの箱を選んで詰めてくれるので、どんな木箱に収められてくるのか？　というところもこの店で葉巻を購入する楽しみのひとつです。

葉巻関係の本も目に付くと買うようにしています。

葉巻のコレクションも増えてきました。老後の楽しみ（？）にしています。

3．産地を訪ねる

産地訪問の意義

　ワインに関係する仕事、特にソムリエ・サービスの仕事をしている人にとって、ワインの生産地を訪ねることはとても大切なことだと思います。現地に行かないと見えてこないものがあると思うからです。

・産地はどんな環境か？

　まずはブドウがどのような状況で植えられ、そして育てられているのか？　やはりここが一番気になるところだと思います。例えばフランス、コート・デュ・ローヌ（Côtes du Rhône）地方のコート・ロティ（Côte Rôtie）の、登っていくのも大変な急斜面の畑に立ってみると、こんな崖のような畑ならば日照量に恵まれ、水はけが良いんだろうなということは、すぐに理解できます。「コート・ロティの特徴的なシラーの凝縮感はここから生まれているのか」と身に染みて感じられます。

　日本とは季節が逆の南半球のオーストラリアのバロッサ・ヴァレーの40℃を超す昼間の畑に行ってみると、焼き付けるほどの太陽がかんかんに照り付け、大きな黒い蟻（あり）もいたりして、「いやいやこの環境で、手摘みでの収穫はちょっとさすがに大変かな」と感じられ、1日のうちで最も気温が低い日の出前に機械収穫を行なう理由もわかります。

　また、チリのマイポ・ヴァレー（Maipo Valley）では日差しが強く、ブドウの房は葉っぱの陰に隠れてじっと鍛錬をしているように見えますが、午後3時を過ぎる頃から、おもむろに涼しい風が吹いてきてブドウの房がゆっくりと冷やされていきます。

こんな風に現地で実際に、自分自身で畑や産地の温度やそこに吹いていた乾いた風を感じておくことが、日本に帰ってから自分の店でゲストにワインを説明する場合の説得力になるのではないでしょうか。

・どんな造り手なのか？

　元気な味わいで、グラスの中で香りがどんどんと広がっていくようなワインを造っている人に会ってみると、やっぱりとっても元気な人柄だということがあります。少し人見知りな感じの特徴があるワインの造り手は、やはり神経質そうで、寡黙であまり話さない人だったりすることもあります。"子は親の鏡"とはよく言われることなのですが、"ワインは造り手の鏡"ということもまた言えるのではないかと思わされます。

　造り手の印象だけではなく、加えて周りの環境なども思い出に残りやすいものです。ワンワンと犬がうるさかったり、"気になって仕方がない！"みたいな感じでニコニコと子供が覗きにきたりと、ワインだけではなくそれを取り巻いている環境もすべて感じることができるので、これも大きな楽しみのひとつになります。

　実際に現地に行くのは遠いし、店もお休みにしなければならないし、車の運転も難しいということはあるのですが、私としてはなるべく現地に行くように努めています。

　もうかなり昔のことですが、フランスに住んでいた駆け出しの頃、見本市のような大きな試飲会であまり相手にされなかった経験があります。まあ多少は人相も悪かったかもしれませんし、デイパックを背負って行ったことも良くなかったかもしれません。しかし、せっかく行ったのに、しかもたくさんある造

り手の中からここを選んで訊いているのに冷たくあしらわれたりすると、こちらとしては「いつか覚えていなさい…」と心に刻んだりしてしまい、何年も月日が経っても「ポート・ド・ヴェルサイユの見本市では冷たくされたな」と、悪い印象だけが残っていたりもします。

　そういった見本市でのワインというのは、地元から長旅で届いていてコンディションが今ひとつだったり、グラスもそんなにたくさんはないため提供温度が違っていたりします。また、人もいっぱい来るために、普段はあまり人と接することの少ない造り手側の対応もいつもとは違ってしまうこともあると思います。それからは、やっぱりプロである以上は見本市ではなく、なるべく計画を立てて現地に行くようにしています。

　時間をかけて地図を見ながら、頻繁に道に迷いもしながらやっと到着してみると、小さな造り手では、その人やワインセラーの醸し出す雰囲気というものが、ワインに大きな影響を与えていることに気付きます。ボルドーの有名な大きめのシャトーを訪問してみると、働いている人の感じが良くて活気があったり、楽しそうだったりします。こういったシャトーは、やはり調子が良いことが多いですね。反対に、なんとなく醸造設備がほこりっぽくて"かさかさ"した印象を受けたり、説明してくれている内容と現場で働いている人たちとの熱気との間に微妙な違和を感じてしまう造り手のワインは、やはり今ひとつ感情移入できないことが多いのです。

　このように実際に行ってみるとワインの解説本やホームページだけでは感じられない、造り手の側の現在のコンディションもわかります。

・現地ならではの料理と合わせてみる

　地元の料理とワインを合わせてみると、しみじみと「ああ、おいしいなぁ」と感じることはとても多いです。

　もう4年くらい前になりますが、ほとんどの人がビールをのんびり楽しんでいるような、アルザスのリクヴィル（Riquewihr）村の小さなビストロで"若鶏のリースリング（Riesling）煮込み"を頼んだことがありました。出てきた料理を食べてみると「日本とは素材の持つ力が違うからね」と言ってしまうとそれまでではあるのですが、嚙み締めることによってじわじわと口の中に現れる滋味のようなものが鶏肉自体に感じられました。ソースとのバランスも良く、付け合せのジャガイモもおいしく、おやっと目を見張るような出来栄えでした。リースリング種のあまり日本では見かけないような造り手のものをカラフ[※1]（Carafe）で飲んでみたところ、ワイン単体で飲んでいるよりも、料理と合わせることで細かい酸味がやわらかく主張し出し、飲み込んだ後味に感じられるかすかなリースリング特有の自然な甘みが、クリームと鶏肉の架け橋になり最後まで鶏の半身を飽きさせないで黙々と食べさせてしまうという働きを見せてくれるのです。「素晴らしく料理に合う！」と地元同士の組み合わせという底力を印象付けられた、思い出に残るお昼ご飯になりました。

・現地で飲むとなぜか味が違って感じられる

　シャンパーニュなどはやはり現地で飲むと、なぜかおいしく感じられます。

　昔に比べると、輸送手段にも格段に気を遣うようになっています。定温輸送の温度管理や暑い時季をはずしての輸入など、インポーターの方々の大変な苦労があり、ほとんどのワインや

その他の飲料に関しては、あまり現地で飲んだ場合との大きな差、というものは感じられなくなってきています。

　ところがところが、やはり現地で飲むシャンパーニュ、一般的に上級キュヴェ（Cuvée　プレスティージュ〔Prestige〕とも呼ぶ）と呼ばれるタイプは日本で飲むよりもなぜかおいしいと私は思います。口に含むと細かい泡立ちが絶妙で、体に染み込んでいくような味わいです。特に抜栓してすぐの状態から、時間の経過とともに香りが立ち上がり、様々なバランスが取れていき、理想の味わいがしっかりと表現されてきます。昔の貴族が溺愛したのもわかるなーといった印象を受けることが多々あるので、シャンパーニュはもし機会がありましたら是非現地で飲んでみてください。

・現地に行って、そして帰ってきてから

　私自身、店で働いている時は、ワインを抜栓してすぐの時点で「前回抜栓した時よりも酸が際立つ」とか、「思ったよりも熟成感がある」などと素早い判断をして、それをゲストの好みや料理との進め方などのサービスに生かすようにしています。ここの判断の速さや正確さという部分がソムリエとしての力の見せどころだと考えているのですが、気を付けなければならないのは、ワインというのは開けてすぐだけではないということです。

　ワイン自体に個性やその日の調子、また同じワインでもボトルごとの微妙な表現力の違いがあるのは当たり前です。どう変化していくのかは、実際に時間をかけて料理と合わせて飲みきった最後を確認してから、初めてそのワインの方向性や主張が見えてくるということもあります。

この点は、ゲストと一緒に飲むわけにもいかないですし、なかなか毎日のサービスですべてを追いかけるのが難しいところです。時間をかけて素材と合わせて、ワインをもう一度見つめ直すという意味からも、やはり現地に行くと良いと思います。今まで自分が感じていたワインに対するサービスのイメージは、少し勝手な自己満足だったかもしれないので、ワインと新しく向き合って、意識的に違う何かを感じ取る作業を行なうということは、ソムリエ・サービスにとってはとても大切なことだと思います。

ワインの造られている現場へ行き、畑を見て、造り手と会って、世間話もして、現地で伝統的な料理を頼んで…というワインを中心とした"地域密着型総合アミューズメント"を体感することは、ワイン係という自分の仕事の再確認でもあり、ワインと関わって生きていく仕事のかなり楽しい一面ではないかと感じます。

万全の準備を整える

いろいろとワインを飲んでいくうちに、だんだんと品種や産地に興味がわいてくると思います。さらにはどんな人がどんな環境でこのワインを造っているのかなと、興味は膨らむばかりです。そこで実際に産地を訪れ、そこに吹いている風の香りや土地の個性を感じてみたい！　と、居ても立ってもいられなくなってきている皆様に、どんな問題や解決法があるのかをまとめてみたいと思います。

・訪問の予約を取る

フランスではいきなり訪問しても「あら、いらっしゃい！」

と親切に招き入れてくれるところはあまりありません。事前に連絡を入れて訪問するパターンが一般的です。

　直接電話をして予約しても、その後お昼ご飯に行ってしまい「悪気はないけど忘れてしまった！」というようなことはフランスでは多いので、ホームページからの予約をお薦めします。これなら電子辞書片手になんとか時間帯や人数は打ち込めますので、電話で頑張って予約するよりも確実だと思います。また、ホームページで申込みできるようなところは、最初からわりと訪問客に対してのやる気がありシステムも整っている場合が多いと思います。

「訪問希望のメールを受け取りました。遠い日本からご苦労様です。うちのメゾンを選んでくれてメルシー！　当日は張り切ってお待ちしています」なんていう意欲あふるる返事がすぐに戻ってくればいいのですが、そこはラテン系のお国柄。私の経験からも、そんなにうまくいったためしはほとんどなかった…と言っても過言ではありません。しかし、せっかくフランスに行くのであればそんなことでめげてなどいられません。

「先日メールを送った者なんだけれども訪問は可能でしょうか？」と、確認の連絡をしっかりと取り続けて、なんとか返事が来るのを待ちます。訪問先にしてみても、有名な造り手であればあるほど、世界中のワイン愛好家からこういった内容の申し込みが1日にそれこそ何十件も届いているかもしれませんし、その日に限って受付係の人が休みを取っていたりと、いろんな事情があるのかもしれません。あきらめず、焦らず結果を待ちましょう。

　私自身、予約がうまくいかなかったこともあります。ソムリ

エコンクールのご褒美旅行でボルドーの61シャトーを1週間かけて訪問した際、コンセイユ・ドゥ・グラン・クリュ・クラッセが作ってくれた細かい時間割や訪問スケジュールに沿って訪問したのですが、なかには「あれ今日だっけ、でも大丈夫。なんとかするから」みたいな感じのシャトーもありました。フランスのブドウ産地の中でも、訪問客の受け入れに意欲的なボルドーでさえこういった感じなので、ブルゴーニュやその他の産地の家族経営の小規模な造り手では、もっと大変という感じになるかもしれません。何事もフランス相手の作業に関しては、まあ思い出作りと思ってゆっくり進めていくのがコツかなと思います。

・**言葉ができないかも……？**

　これはやはりフランスに行く時に一番感じることだと思いますが、15～20年前に比べて実際にはなんとか英語を話す人は多くなってきたので、シャンパーニュやボルドーなどでも英語で問題ありません。ただし地方の小さな造り手になると、少し心もとない感じの人も多いので、その辺は覚悟して訪問してみてください。ホームページがあるようなところなら大体は英語が使えます。

　まったく英語はわかりませんという造り手の方が最近では少ないと思いますので、あまりぺらぺらと相手の母国語であるフランス語で進めていくよりも、相手もちょっとゆっくり、みたいな感じの英語でのやり取りもいいものです。フランス語ができなくても英語でそんなに問題はないと思います。

・**交通手段をどうするの？**

　これが一番大きな問題です。現地に住んでいて、言葉がで

きて、ワインを飲むのがあんまり好きではなく、しかも運転さえできればいいんだ！　という人が知り合いにいれば素敵なんですけれども、なかなかそういう人は、私の長年の経験からしても見つからないことが多いです。

　そうなると、次の作戦はレンタカーです。しかし、産地訪問には試飲がつきもの。せっかく現地を訪れたのに"運転のために飲めない"というのももったいないし、それではなんのために訪れたのかわかりません。それにワインの産地は実際には意外と広く、そして標識や、それぞれの造り手の名前などもお世辞にも探しやすいとは言えない環境です。

　そこで、地図を見ながら行くのに自信がない方は、ホテルからタクシーを予約してもらうのがいいでしょう。例えばヴォーヌ・ロマネ村まで行ったとすると、降りる際に帰りの時間を予約して、教会の前など場所を指定して迎えにきてもらうことが必要です。ブルゴーニュの村で、流しのタクシーというのはほとんど見つかりません。

　路線バスを使うという手もあるにはありますが、造り手の親父さんが話し好きだったり、話し込んでしまって滞在が長引いたり、レストランで料理がなかなか出てこなくて焦ったりと、時間の予定が立てにくいのがフランスの特徴です。また、バスそのものの到着時間も怪しいので、あまりお薦めはできません。

産地での思い出 ① ボルドー：61 シャトーを訪れました編

　赤ワインを代表する産地ボルドーを訪れたのは 2005 年になります。全日本最優秀ソムリエコンクールの優勝のご褒美として、コンセイユ・ドゥ・グラン・クリュ・クラッセに加盟して

いるメドック（Médoc）の61シャトーを中心に、ソーテルヌやバルサック（Barsac）地区のシャトーをも含んだスペシャルな訪問をプレゼントされたからです。フランス側から「バカンスに入る前になんとか来てほしい」と言われたため、店の夏休みを頑張ってやりくりして暑さの厳しい7月に訪れました。

「宿泊と訪問に関してはコンセイユ・ドゥ・グラン・クリュ・クラッセで手配しますので問題はありません。何日かけて回りたいですか？」という質問が、代表のフィリップ・カステジャ（Philippe Castéja）さんから届きました。ゆっくり時間をかけて見ていきたいのはやまやまなのですが、店をそんなに休んでいると、マクシヴァンが違う店になっていたりすると悲しいので「往復も入れて1週間くらいが私の店的にはお休みの取れる限界だと思います」という返事をしました。

　本心としては、いくらなんでも1週間では忙しすぎるので、今回は代表的なところだけを回るように、と言われるのかな？と思っていたのですが、そこはなんといってもボルドー。ブルゴーニュやほかのアバウトな南の産地とは異なり、さすがに12世紀にはイギリス領だった土地です（？）。送り返されてきたメールにはしっかりと各シャトーを約25分刻みくらいの間隔で回り、でもお昼ご飯の時は約80分はOKという、細かい（少し強気な）スケジュールが書いてありました。

「まあそんなことは言ってもフランスだし、時間どおりに問題なく、とはいかないだろうな」と連日の長時間の拘束を予想して、いつもの旅の相棒を用意します。足の裏マッサージ用の"ゴルフボール"と立ちっぱなしのテイスティングで腰が痛くならないようにと筋肉痛（&虫）対策に"キンカン"、そして夏場

の体力を考え、気力体力の少しのフォローのために"ビタミン剤いろいろミックス"という"ワイナリー訪問3種の神器"(167ページ参照)を鞄に入れて旅立ちました。

お世話になったカステジャさんに記念品(裏カバー参照)をいただきました。素敵な館でした。

・フランス的な難題に遭遇!?

　さてボルドーに到着。今回は、なかなかにタイトなスケジュールをこなすためにボルドー市内ではなく、とっても田舎のマルゴー村にあるホテルに滞在することになっています。

　毎日朝8時30分に感じの良い若い運転係が"にこにこ"とホテルに迎えにきてくれます。そこから車でスケジュールどおりにシャトーをひとつずつ訪問し、お昼ご飯や晩ご飯も訪問した先のシャトーで準備しておりまする、というなかなかに恵まれた旅です。その代わりにというか、ご飯の時もしっかり会話をしなければなりませんぞ、ということでもあるのですね。したがって、車の移動の間だけが少しほっとできるかも、という

計算になります。

　運転係は若くて話も通じて、感じも良く、時間も正確なので問題ないのですが、滞在先のホテルの朝ご飯が問題でした。"7時30分からです"と食堂の扉に書いてあったのにもかかわらず、ほかに早起きの宿泊客がいなかったせいなのか、8時30分（すなわち迎えの来る＝出発するべき時間）になってもいまだにオレンジジュースは勿論パンひとつもありません。さすがにここまでは想定していなかったため、これには困りました。「朝ご飯ぐらい抜いてもなんとか頑張ればいいではないか！」という精神論的な声も聞こえてきそうですが、もし朝ご飯を食べることができなかったとすると、1番目のシャトーからお昼ご飯を食べる予定のシャトーまで4つぐらいは回るので、おなかに何も入っていない状態で造り手と見つめ合って（？）会話をしながらしっかりした渋みのあるボルドーを最低でも20種類以上はテイスティングしていくのはタンニンが胃に染みそうですし、かなり大変な作業になってしまいます。こんなことで毎日できるのか？　と久しぶりのフランス的な問題の出現に、少し神経質に考えそうにもなりましたが、力強くホテルの人に訴えたのが効いたのか、微妙な時間になんとかパンやらなんやらが置かれて、最終的にはクリアーすることができました。いやいやフランスはいろんなことが起きるので気が抜けません。

・25分刻みのスケジュール

　口もとにクロワッサンのパン屑をつけたまま（ちょっと嘘）訪問先のシャトーに到着です。訪問先の担当者もこちらが25分刻みぐらいのスケジュールで回っているのをわかってくれているので、簡単な挨拶や名刺交換もそこそこに、「今回はどん

なアイテムを飲みたいですか？」と訊かれます。

「まずは話題の 2005 年。そしてとても暑かったせいなのか、普段よりもより顕著にシャトーごとの出来栄えに大きな違いが出ていると言われる 2003 年。歴史的な好ヴィンテージとされる 2000 年。そして何かほかに可能であれば、お薦めの年のものや、古いヴィンテージをお願いします」と言うと「そーだろーなー、やっぱりそこだよね」とでもいった感じの表情で、てきぱきと準備をしてくれます。いくつかのシャトーでは、それに加えてその他の古いヴィンテージも急いで出してくれたりと短い時間の滞在ながら、実際には濃い内容の訪問が続きました。

訪問を始める前は、何かに追い立てられるかのように短時間で回らなければならないのかな、と想像していたのですが、実際にはテンポ良く試飲を続けていくリズムに、自然と体が順応していきました。今回の結果としては、ゆっくりと数少なく回るよりも、それぞれのシャトーの景色を記憶に残しながら楽しく訪問を続けることができたように思います。

そんなこんなで、元気に少しずつ予定表の訪問シャトーのところを丸で囲みながら進んでいったのですが、残念なことに"シャトー・モンローズ（Château Montrose）"では担当がいないと断られたりもしました。おかげで全行程中、初めて 20 分ほど近くのカフェでコーヒーを飲むことができました。せっかくのフランスなのに、このほかに自由時間はきっぱりと一切ありませんでした……。

・ボルドーに対するイメージの変化

ボルドー、特に今回はメドックの規模の大きなシャトーが主体だったためなのか、自然派の造りについてというかビオに関

する話題は出てくる機会はあまりありませんでした。とあるシャトーオーナーが「実はなるべく自然な造りを目指しているんだ。だからうちのブドウの樹の剪定と隣の剪定とは微妙に違うだろ、気が付いたかい？」と、お昼ご飯を食べながら自分の畑、自分のワイン、ボルドーのこれからの可能性などに対する考えを聞かせてくれたぐらいです。

　1日におよそ10シャトー近くは回るのですが、その中でも名前の知られている"シャトー・ラトゥール"や"シャトー・ラフィット・ロートシルト"の畑に行くと　雑誌などでよく書かれている"神に祝福された土地"との評判どおりでした。雨があがった暗いどんよりした空の下でも、雲の切れ間から射し込んでくる日の光がほかの場所とは違うような印象を受けましたし、その光を浴びたブドウの房もきらきらと輝いて見えます。実際に働いている人々の数も多いのですが、私語もあんまりなく、てきぱきとした作業をしていて、気のせいかみんなの顔つきも引き締まって見えます。

　訪問されるシャトー側も、細かい時間刻みで回っていることをわかってくれているので、「こんなにたくさん1日で訪問するなんて大変だね」とか、「今度はもう少し時間のある時にじっくり来なさい」「さすが日本人ソムリエ、きついスケジュールでよくやるね。どこに行ったのか混ざったりしないの？」みたいな感じで話しかけてくれました。ボルドーというとフランスのほかの産地に比べて"少しおすまし＝少し冷たい"的なイメージを持っていたのですが（なんといっても昔は一時期イギリス領でしたから？）、各シャトーの人々は基本的にとても親切で、人間的な感じがしました。ワイン造りに関しての規模はさすが

に大きいものの、やはり責任を持ってワイン造りを続けているんだ、ということを改めて感じられたのが今回の短期高濃縮型産地訪問の大きな収穫だったように感じています。

　前々から、フランスのワイン産地を訪問した際に「あまり変化を好まないんだな」という点に関しては薄々と気付いていたのですが、ほかの産地に比べても、さらにボルドー、特にメドックのコンセイユ・ドゥ・グラン・クリュ・クラッセに加盟しているシャトーに関してのメンタリティーはあまり急激な変化を好まず、じっくりと確実に安全に進んでいくことをまずは第一に置いているのだということを再認識しました。「ブドウの樹を植え替えるとその樹がその土地に合っていたのかどうなのか？結果が出るまでおおよそ20年かかる。そこからさらにワイン自体の評価を待たなければならない」とか「孫の代になった時の評価というものを絶えず念頭に置いて、結果を急ぎすぎることなく良質のワイン造りをしなければならないからね」といった意味の会話は甘口貴腐ワイン[※2]の代表的生産地のソーテルヌ＆バルサック地区で多く聞いた言葉です。

・短期集中型訪問の収穫

　これだけの数の造り手を毎日毎日、しかも短期間で回ると、それぞれのシャトーの持っている感じといいますか、勢いを知ることができました。雰囲気がのんびりしているところもあり、きりっとしているところもありで、普段日本でワインを飲んだり、ボルドー特集みたいな本で読んでいるだけでは感じることのできない部分を知れたのは収穫でした。勢いが感じられるシャトーをいろいろと発見できたことが"時間的にとっても小刻みな比較訪問"の最大の成果だったように思います。

また、お薦めを出してほしいといった際のことなのですが、シャトーごとに「若いけれども、造り方が若干変わったので、是非これを飲んでみてほしい」という説明があったり、「今飲んでおいしいヴィンテージを是非！」とか「ほかと違ってうちの個性が表現されているヴィンテージ」など、それぞれがそれぞれに説得力のあるワインを出してきてくれますのでそこも面白かったですね。

　一般的には、ある程度のレベルに達しているボルドーワインには年ごとにそんなに大きな違いは出にくいし、感じにくい、とも言われていました。ところがところが実際に現地で比較試飲を続けると、その時点（2005年）でのワインの表現できる内容に大きな違いや開きを感じることができました。また一番感心したのは、造り手がきちんとした違いを捉えたうえで年を重ねていくのだということが再確認できたことです。

　日本に来ている時はニコニコしている印象のボルドーの造り手も、地元で語り合ってみると印象が違いました。収穫や瓶詰めのタイミングなど苦労話とまではいかないものの、「ワイン造りに関してはやはり毎年大変だよ」といった"プレッシャー"に関する話をしてくれました。はたまた、無責任な興味本位の点数評価などに対する考えなどを聞くと、おいしいものをある程度の量（ボルドー右岸のガレージワイン[※3]とは異なり）しっかり造り続けていかなければならないメドックの宿命と実際が感じられてとても興味深く、有名な産地だけにすさまじい責任と期待とが存在するのだなと改めて感じられました。

　内容の濃い訪問を続ける長い1日も終わりに近付くと、いよいよ晩ご飯です。午後の訪問スケジュールを気にしながらのお昼

ご飯とは違い時間的・精神的にゆっくりと過ごすことができます。
　シャトーオーナーや、栽培責任者の人などと一緒にご飯を食べながらというシチュエーションなので、最初はお互いに緊張気味で日本におけるボルドーワインのポジションというか位置付けについて訊かれたり、その他の国のワインに関する話（チリワインは日本の市場で最近どうですか？）など少し硬めの話題となります。しかし、おいしいボルドーワインがどしどし出てくるので、少しずつ緊張もほころび始めます。ちょうど盛り上がってきていたワールドカップサッカーの話題になり、「アフリカのあの選手はすごいね」とか「日本チームって、どうしてあんまりシュートしないの？」などから少し崩れ始め、硬軟織り交ぜながらの楽しい時間へと突入していきます。さらには「シャトー〇〇のワイン最近飲んだ？　あそこは今、現場と上とでもめてるから出来栄えがあんまりなんだよね」とか「（小声で）ここだけの話、何年のあそこのシャトーはかなり失敗。なぜ売れているのかわからないと地元ではみんな言ってるんだけどね」とかほかのシャトーの噂話が始まったりで、やはりこの辺は世界のボルドーといえども、ご飯を食べながら話す内容に大きな差はありません。
　毎朝スケジュールを確認しては訪問する1日ということの繰り返しでありながら、気が付いてみると、あっという間の1週間でした。連日夜遅くまで歓迎してくれたシャトーでのディナーがあり、倒れるように寝る時にしか入らないので部屋がどんな環境だったか…ほとんど何も覚えてはおりません。
　後半はソーテルヌ＆バルサック地区を回ることもできたため、メドックとのワイン造りの規模の違い、朝から昼そして夕

方へと変化していく気候と温度の中、貴腐ブドウに欠かせない湿度や朝方の空気の湿った感じなども肌で感じることができ、私自身の知識にとっても、大きな収穫が得られました。

産地での思い出 ② ボルドー：テイスティングは続く編

 61シャトーを大急ぎで訪問した後に、実はもう1回ボルドーへ行っています。あるワイン雑誌が主催する大掛かりなワインのテイスティングに参加することになったからでした。
「『TASTED』というワインの専門誌の企画で、"各国を代表するソムリエによる感じ方の違い"みたいな感じで、住んでいる国や大陸の異なるソムリエがそれぞれの経験や感性で、ワインについて語り合うらしい。ついてはそれに推薦していいかな」とフランスに住む人からの紹介を受けたのがきっかけでした。名誉なことなので、国際コンクール前という事情もあり、語学とテイスティングの精度を上げ、少し"外国人！"にも慣れておくかな、とやってきたのが8月の中旬のボルドーでした。

 ある程度は予想していたのですが、この時も素敵に体力勝負でした。朝8時過ぎには滞在先であるとても立派なサン・テミリオン郊外のホテルを出発。なにげにスピードを出しながらボルドー市内のテイスティングの会場を兼ねた立派な事務所に向かいます。

 大まかに9時過ぎくらいから、今日はまずサン・テミリオンを120種類とか、チリを80種類とかおもむろに告げられ、「エー！　朝一番からそれですか！」なんて考える間もなくどしどしと進んでいくのです。

 実はこの大変なテイスティングにわざわざ参加したのにはも

うひとつ大事な目的がありました。今回参加するメンバーの中にヨーロッパ・ソムリエコンクール・チャンピオンを獲得したスウェーデン代表のアンドレアス・ラーション（Andreas Larsson）が選ばれていたからなのです。彼は本国スウェーデンでは敵なし、という噂で、体が大きいにもかかわらず（!?）、細かいコメントを駆使し、リュイナールというシャンパーニュのメーカーが開催するコンクールに見事優勝。そのブラインドテイスティングの能力の高さが証明されていたので、「彼のコメントは私と何か違うのか、同じなのか？」「北欧の人特有のとても鋭い何かがあるのだろうか？」と思っていたのです。これは良いチャンスだし、会っておく必要があるだろうとかなり期待して参加しました。

　そんな彼もこの数の多さには少し疲れ気味でしたが、100何種類もテイスティングした後に「63番は良かったね」とか「83番の酸味はあまり好ましくないように感じたけれど、どう思った？」とかコメントを求めてきます。さすがに197cm あるだけあって体力あるなーという感じで、「やるなアンドレアス、さすがだぜ（私の方が年上です）」といった印象を受けました。

　外国のソムリエとテイスティングをしたりご飯を食べたりした時に、いつも感じるのは「彼らはいつもワインのことを考えているなー」ということです。アルザスのソムリエでも、パリのソムリエでもコンクールを狙っているようなソムリエは、やはりまじめな人が多いように感じます（仕事に関しては！　と入れておかないと）。会ってすぐの話題でも「あのシャトーは飲んだか？」とか「最近あの造り手は変わっただろ、君はどう思っている？」と会話がスタートし、こちらも最初からソムリ

エとしての本気モードで話す必要が生じるため、「ちょっと疲れるんで」なんて言ってる暇もないぐらいです。そういった意味からも、さすがにタイトルを取って今もっとも勢いがあるだけのことはあるなーと感じさせてくれました。

テイスティング中。細かな違いをなんとか
感じ取るように集中しています。

午前中にこれだけブラインドで行ないます。
準備も大変！

産地での思い出 ③ レストランでの至福のひと時編

　日本にいると、世界中のワインが良いコンディションで運ばれてきますので、そんなに不便は感じませんが、やはりワイン産地での食事も考えたい、となると話は変わってきます。

　私は最近では地方に行くとミシュランの星付きの店よりも、本当に地元の人が行くレストランやビストロ、カフェに行くようにしています。星の付いたレストランは価格的にもなかなかしんどいという理由もありますが、ミシュランガイドに載っているレストランのメインが仔羊や鴨など同じパターンが多いのも理由です。せっかくフランスに行ったら、日本ではなかなか食べることのできない内臓系を頼みたいですからね。

　訪問したワイナリーの造り手に訊いて、「本当にそんなところでいいのか？」などと言われながら、店を予約してもらっています。最初は、サービスの人もカジュアルなＴシャツで、しかも足元はビーサン（？）みたいな"ノリ"の地元の人だらけの店に入っていくのは少し勇気がいるかもしれません。しかし、こんな感じの店でおいしい料理に当たると一生ものの記憶に残る食事になり、「ああ、やはり、フランスはおいしいなー」とそれまでの苦労も吹き飛ぶほどの感動になります。

　ブルターニュでバターとクリームで煮込まれた抜群においしいムール貝を食べ、かなり冷やした少し甘めのシードル（〔Cidre〕リンゴ酒）をブルゴーニュの伝統的な陶器・カンペール（Quimper）の器に入れて飲み、さらには薪の暖炉で焼いたオマール海老をがぶりと食べる。仕上げにカルヴァドスを流し込んだり、抜群の熟成状態にあるウォッシュタイプのチーズのエポワス（Epoisses）を皮ごと口に頬張り、日本で食べるのとは異なる少

しさくさくした嚙み応えに驚きつつ "少し熟成した古めのブルゴーニュの白" を流し込んだりする。こんな楽しみがあるので、いろいろと大変なことは多いけれど、やっぱりまたワイン産地に行きたくなってしまいます。

※1 カラフ：ワインを移し替える入れ物。デカンター（Decanter）とも呼ぶ。
※2 貴腐ワイン：貴腐菌がブドウに付くことで、水分が蒸発し糖分がより凝縮される。甘いだけではなく酸味もしっかりと残る。
※3 ボルドー右岸のガレージワイン：「ガレージで造ったの？」と揶揄されるような、高品質であるがとても生産量が少ないワイン。

市場に行くと「あれも買いたいこれも食べたい」と "ハイ" になってしまいます。

Colonne ⑤

産地訪問必携グッズ

　せっかく現地で造り手に会って、そこでワインを試飲し意見を交換するためには、こちらのコンディションを整えておく必要があります。毎回旅行準備を始める一番最初に、私が鞄に入れたことを確認するグッズの中からふたつを紹介をします。

① ゴルフボール

　おいおい何をするんだという感じですみません。私自身はゴルフはしないのですが、これは足の疲れを取るために使っています。

　造り手のところで試飲をする場合、「とりあえず椅子に腰掛けて楽にしてどーぞ」というシチュエーションはあまりなく、とにかくひたすら立ったまま、ずーっと造り手と話し込みます。特に地下にあるカーヴで長い試飲が続いたりすると、グラスを置く場所はありません。だんだん話が弾んで「そうだ、せっかくだからこれも飲んでみろ」なんてことになってくると、楽しいしありがたいのですが、終わる時間も読めなくなってきて、やはり体や足に疲れが出ます。

　そんな日に限って"午前中に2か所""午後頑張って3か所"なんていうハードな訪問の予定が入っていたりなんかすると大変です。細かい香りと味のポイントを忘れないようにメモに書かなければならないし、でもせっかく現地に来たのだから書くだけではなく造り手とも会話をしっかり続けなければならないしで、これはもう集中力と体力が大切になってきます。

　そんな長い1日がやっと終わり、ホテルに戻ってくると疲れを取るためにゴルフボールを強めにごろごろ踏んで足の裏の土踏まずの部分をマッ

サージします。これによって意外に足の疲れが取れるように私は感じています。それに専用の"健康足踏みなんとか"を持っていくよりも鞄の中では軽くて小さいスペースですみますし、もしなくしても諦めもつきます（ただし毎回持っていってはなぜかしっかり持って帰ってきています）。

② キンカン

　思いっきり商品名なのですが、これもなんと言いますか私の海外には欠かせないアイテムです。

　試飲を繰り返すのは、意外と疲れるものです。1日の訪問を終えて部屋に帰って寝る前に肩やら、首やら、足、特にふくらはぎに塗ると、これがすっきり気持ちよく眠れるのです。塗った直後は香りが気になるかもしれませんが、時間が経つと思っているほどには気にならなくなるので、翌日の試飲にも影響しません。

　そしてワイン産地には意外と蚊がいます。時差で疲れて早く寝たいのに刺されてしまってかゆくていらいらするなんて時にも活躍してくれます。

　以前、ブルゴーニュのボーヌのホテルに泊まった時には、なんとか蚊をやっつけようと部屋の隅に座って"待ち伏せ"を試みて無駄なエネルギーを使ってしまいました。刺されてもこれがあればかゆみも抑えられるので、「まーしょうがない、多少は刺されてもいいかな」と鷹揚な気持ちで眠りにつくことができますし、先に体にかなり塗りたくっておくとあんまり蚊に刺されないような気がします。

第4章
理想のソムリエ像

1. ソムリエとは、一流のサービスマンである

ソムリエという仕事から見えてくるサービス業というもの

"相手の立場に立って、(できる限り)相手が望んでいることを提供するのがサービス業"と位置付けて見ていくと、世の中の仕事のほとんどは"サービス"に関係しているということに改めて気付かされます。

なかでも私の所属している"飲食という業(なりわい)"は、"サービス"ということをどう捉えてそれをどう細かく実行できているのかということがとても大切なポイントになります。

調理人は、経験や訓練によって得た技術で食材を選び、それを調理しておいしい食事を提供します。またソムリエ・サービスとしてはワインの味わいはもちろん、希望する支払い金額においても基本的には"ゲストの好み"に合ったワインを選んで楽しい食事を演出していく……。ここを理解し、考え、そして実際に実行しているか? が飲食における"正しい"と言われるサービスについての考え方です。

最近ではワインについてだけではなく"それぞれの職種における良いサービスとは?"といった内容でのセミナーの依頼を受けることも多く、保険関係や病院関係からの依頼があったりと、今まではあまり"サービス業"という感じでは捉えられていなかった分野の方面からも依頼が多くなってきています。

各職種におけるサービスの意味を考える

例えば、車を購入する予定でディーラーに見にいったとします。もちろん「価格はいくらになりますか?」という部分はは

ずせないですし、「購入してから問題があったらどんな対応をしてもらえるのか？」これももちろん大切なところです。これらは一般的には"サービス"と考えられているのだと思いますが、ほかのディーラーも同様に行なっている作業であり、厳しく言うとほか（ほかの店、ほかの販売員）に比べての"サービス"という本来の意味にはまだ届いていないのではないでしょうか？　この点から考えていきたいと思います。

　"サービス"を意識した場合には、まずはお客様をよく観察します。「車については調べてきています。今までもいろいろ乗ってきました」みたいなお客様には、「長時間の運転でこそ、この車はこういった良さが感じられます」とか「コーナーも楽しめて、しかも燃費も思ったよりも良いですよ」といった部分を伝えることがそのお客様にあった"サービス"です。また、「車種に関しては迷いながらも一応試しに来てみました」みたいな家族連れのお客様には、子供の年齢などを推し量って「汚れたとしてもシートが洗いやすい」とか「視界が広いので曲がり角でも運転しやすくて安全」などと伝えます。購入する人がどこに重きを置いているのか、何が知りたいのだろうか、と考え、聞きたい部分を詳しく説明することこそがポイントです。それを感じて、状況に応じての説明をしていくのがマニュアルには明記しにくい"サービス"ではないかと思うのです。

　車を参考にしてみましたが、それがワインであっても、化粧品であっても、商店街の焼き鳥であっても、"物を販売する、薦める"うえでのサービスって「相手はこの商品に対して、もしくは来店の動機として、何を望んでいるのか？」を感じ取って、そのポイントに沿って薦めていくということが本当の意味

でのサービスではないでしょうか。

ここで問題になってくるのは"人の好みというものは様々だし、わかりにくい"というところです。ですが、"これが正解という絶対的なサービスはない"というところが逆に面白いところでもあり、毎日が積み重ねであるところが"やりがい"や"経験"という言葉につながっていくのではないでしょうか？

レストランにおいても、ワインや料理以外の面でもソムリエと細かく話し合いたいゲストもいれば、静かに過ごしたいゲストもいるわけです。そこを感じ取って、それぞれのシチュエーションに合わせていこうとするのが、ソムリエ・サービスではないかなと思って、毎日現場に立って少しずつ続けてきましたし、これで良しという終わりはないんだろうなと理解しています。

このソムリエ・サービス的な考え方というものをご理解いただければ、営業職であれ販売職であれ、仕事に少しは役立てていただけるでしょうし、自分の仕事に対する興味や研究心を毎日が忙しい中でも育てていけるのではないかなと思います。

2．理想のソムリエ像とは

考察するにあたって

このテーマは、「本にまとめましょう！」というお話をいただいてからずーっと考えてきたことです。

私自身、この仕事を始めてから、かなりの年月が過ぎています。デビューの頃から自分なりに良いソムリエになろう、理想のソムリエ像に近付きたいと漠然と考えながら月日を過ごしてきましたが、いざ「理想のソムリエ像を文章にしなさい」と言

われると、スムーズに書けないことに気付きました。必要条件が数限りなくあるようであり、また意外にシンプルなことのように思うからです。

"一般的に考えられているであろう"ソムリエの理想像なら、いつも素敵な笑顔で落ち着いたサービスを行ない、幅広い知識と長年の現場で身に付けてきたサービスの経験を備え、そしてワイン造りの現場や産地に関しての新しい情報や話題のワインに関しての更新など、常にたゆまない努力を続けている、と書けば良いのかもしれません。

しかし、働いている店の規模や営業形態、時間帯が異なったり、それに加えて個人店なのか、また大きな組織の中にいるのか、ワインの品揃えや店自体の食事の予算、そのほかの方向性など、シチュエーションに応じてそれぞれの場所に合ったソムリエ・サービスというものが存在するのは明白です。「これが理想のソムリエ像ですよ」「あの店の方法がソムリエとしてはベストなんです」とシンプルにわかりやすくまとまってしまうことはありません。

それではそれぞれのシチュエーションごとに内容をこまごま書き綴るのかというと、これも不可能です。

ただ、せっかくの機会でもあるので、私自身が考えてきた"自分が考える理想のソムリエに近付くためには"に絞ってまとめたいと思いました。ここのところの日常において、わかったような気になってしまっているかもしれない仕事自体を見つめ直す意味からも、外堀からゆっくりと埋めていくように、本丸からかなり離れた遠巻きから分析的にまとめていこうと思います。

知識や経験が豊富

ワインの知識があり、それ以外の料理や飲料に関して、レストラン・飲食店で必要な知識が豊富であること。

これは当たり前というか、ワインに関しての知識はやはり必要です。「品種は何でしたっけ？」では、ゲストや料理に対して、明確なテーマのもとにサービスは行なえません。ワインに使われているブドウの種類、造られている産地についてや、造り手、そして造り手の仕事に個性があるのか、それは何か、などは勿論のこと、それ以外の細かい部分として、輸入業者の輸送コンディション、現地価格、世界のワインの中での人気度合いなども細かく知っておく必要があります。

料理についても勿論です。使っている素材や、調理法などについてもできるだけ詳しく知っておくことが大切です。料理に関する知識があってこそ、それに合わせて"なぜこのワインをお薦めするのか？"というソムリエにとって必要不可欠な"理由付け"を考えることができるからです。

また、現場でどれぐらいの経験があるのかもとても大切な要素です。ワインの知識というものは書物から得ることも必要ですが、やはり実際にゲストにお出しして、そこから反応を得ることも、とても大切なことです。

有名なワインや古いヴィンテージのワイン、さらには話題の人気の高いワインなども飲んだ経験がないと、ゲストとの会話もできませんし、それらのワインをどのようにサービスするのかという方針も決めにくいですね。そんなに毎月ロマネ・コンティ（Romanée-Conti）は飲めないとは思いますが、その他の有名な造り手のものや、今話題のワインについて、また、でき

るだけ古いワインについても同様に、最低1度くらいは「どんな個性があるのだろうか？」「どんな目的で造られているのだろうか？」と確認するためにも飲んでおきたいところです。

経営面も理解する

　私自身、後輩や新人の方によく言うのですが"ワインが好きなのでワインに囲まれて働きたい"だけでは続かないことが多いですね。"ゲストと話すのが好きだから楽しくやりたい"も勿論大切ではあるのですが、ワインを商材とした飲食の提供という"レストラン経営"という面もしっかりと理解したうえで、実際の買い付けや在庫管理ができて、接客サービスもできるということが当然のごとく必要です。これらのことを理解して初めてソムリエという仕事を理解したことになると伝えています。「最初は安くて良かったけれど店自体が2年ももたなかった」とか、「最初は良かったけれど、だんだん飲みたいワインがなくなってきたから最近はご無沙汰しているなー」とはならないように、決められた限りある買い付け資金の中からおいしいワインを探し続ける職業でもあります。大変な部分もありますが、あまり知られていなくて、とても内容の良いワインが見つかった時などは、大きな喜びを感じますし、この仕事における楽しいところでもあります。例えばお寿司屋さんが魚河岸で朝早くから一生懸命おいしい魚を探すことと同じくらいに、真剣においしいワインを毎日探すのがソムリエの仕事であると感じています。

　少し前までは、「ソムリエって、ブラインドテイスティングでなんやらしゃべってはる人やろ」と言われることが多くありま

した。しかし、それはごく限られた状況においてです。表にはあまり見えてこない部分ですが、実際には接客やサービスのほかに、買い付けやカーヴの管理、熟成のための保管の面に関しての能力も要求される職業です。

同じ店にとどまる・別の店に移る
　私自身、修業時代にはいろいろな店を回りました。店ごとにいろいろな方針があり、ゲストの層が違い、またシェフの作る料理は勿論、いろんな事柄を覚えていく必要があったからです。そのため、「前の店ではこうだった」と固定観念を持たないようにして、「こんなやり方もあるのか！」とか「どちらのやり方が現時点では効率的であるのか？」など、良い経験をさせてもらいました。

　フランス修業に関しても同様です。まずは言葉の問題があるので調理場から入ったのですが、やはり店ごとにいろんなやり方がありました。それぞれの立場からも違った考え方があり、その店なりのサービスの動線（調理場が離れている、また逆に客席から見える場所に位置しているなど）が関係していたりもして、「なるほどね」と店ごとの違いが発生する理由が納得できました。

　その後、ある程度言葉もなんとかなるかしらというところからやっとの思いで店を見つけてソムリエとして働き出しましたが、やはりそれぞれの店によってこだわりのポイントが違っていました。

　「サービスの温度にとにかく気を付けるように」と忙しい中、温度を維持するために、氷を入れたバケツから出したり入れ

りした店もあれば、「このワインのデカンタージュは泡を立てない」とか「泡を立て気味に」と、温度は勿論、最初の味わいや香りの設定に気を配るのが大切と考える店もあり、それぞれの考えに付随した様々なやり方というものが存在しました。

　こういったことを経験していくうちに、自然と考えがまとまってきて、自分のスタイルというか、自分としてのサービスとは何か、やりたいことは何かということが明確になってきたように思います。

「グラスでいろいろと出したい」「温度は細かく気にすることが大切」「デカンタージュはワインのコンディションに合わせての考えが必要」などなど、ただ店を回ってきただけではなく目的を持って回ってきたからこそ、見えてきたものもあったかなと思っています。

　しかし、こうした修業といいますか、経験を積んでくると、次は今までとは逆に、ある程度の期間は同じ店に長く勤めるということが大切になってきます。同じ店に長く勤めることで、リピーターのゲストのワインの好みも覚えてくつろいでいただけるということは勿論、ストックしているワインのコンディションもより深く理解することができるからです。

　ストックしているワインが、いつ頃に価格はどれぐらいでどこのインポーターから購入したか、そこからうちのセラー（〔Cellar〕保管庫）でどのような熟成の過程を経て、今に至っているのかなどの知識は、短期間では理解したようでいても身に染み込みません。ただ"だらだら"と居続けられても困りますが、同じ店に長く勤める必要性もワイン係にはあるのです。

伝統国フランスでのソムリエの印象

　フランス人のソムリエに"理想のソムリエ像"を聞いてみると、あまり迷うそぶりも見せずに「えっ、今更なんだよ」みたいな反応とともにすらすらと、この文章の前半に書いてきたような内容を答えてくれます。

　フランスでは伝統を重んじる国民性が現れているためなのか、レストランにおけるソムリエという職業に対しても正統派クラシックというか、昔ながらのやり方をほとんど変えてはいないように感じます。

　①レストランなどで料理が決まるとソムリエがやってきて、ワインリストを渡して、ゲストのワインの好み、料理との相性、価格帯をすり合わせて、飲むワインを決定する。

　②香りと味わいを確認してサービス方法をゲストと確認し、味見をしてもらって注いでいく。

　③ゲストからの依頼があったりするとデカンターに移すとか、大きめのグラスに移してより開くようにする。

　と、①〜③みたいな段取りで、どのテーブルも進んでいくのです。そこにはあまりソムリエ個人個人の革新的な発想とか、今までにないアクションといった要素はありません。きちんと伝統に則っておいしくワインを飲ませるという仕事をしっかりとこなすのが、フランスでのソムリエ像であるように感じます。

日本で行なうべきソムリエの仕事

　日本においては和食、てんぷら、寿司や中華料理、韓国料理と、それは書ききれないほどのジャンルの一流店が軒を並べていて、それぞれがおいしい料理、良いサービスを目指して競

い合っている激戦区の状況を呈しています。このような状況でソムリエとして働くには、店に合ったワイン・サービスは勿論のこと、ソムリエ的な発想や考え方を店全体に浸透させる努力が求められてきます。

　もともとワインというものは産地と密接に結びついているものです。例えば"フランス産"というと、地方はブルゴーニュで、その中でも村はどこで、畑の名前は何で、位置はどこで、そして造り手は誰で、造られた年は何年です、というところまでたどり着けるようになっています。そのため、ソムリエには産地や造り方から食材を捉える"ソムリエ的"な考え方が身に付いています。

　日本の飲食店では、出所が曖昧な食材が使われることが多く、業者や扱うスタッフにも原産地呼称を気にする人が少ないことが気になります。「産地は北海道です」（北海道といってもかなり広いんですけれど…）など国産に関してはある程度までは知っているけれど、輸入食材に関しては「アスパラガスはロワール産です」で説明が止まってしまうことが多いように思います。

　しかし、ソムリエ的な考え方をする者は、「ロワール河って大まかに全長1,000kmあるけれど、このアスパラガスはどの辺りの産地なんだろう？」と考えます。産地の情報をはじめとして、誰が造って、どう運ばれてきたのかを基本とする"ソムリエ的な考え方"がベースにあるからです。

　自分が働く店をよりよい状態にするためにも、意識的にこの考え方をスタッフに広めることが必要です。そのことにより、調理場のスタッフにも今までは考えもしなかった産地呼称についてのより深い理解を求めることが当たり前になってくると思

います。

　同じ職場のスタッフ全員にソムリエ的な考え方というものをしっかりと浸透させていくことも、理想のソムリエが行なうべき仕事のひとつではないでしょうか？

ゲストが望む"理想のソムリエ像"とは？

　ここまでは、私の考える理想のソムリエ像について述べてきましたが、今度はゲストの側から見た場合を考えてみましょう。

　今までの文章から考えていくと、"親切、穏やか、ユーモラス、やる気があって、清潔感があって、あんまり高いワインをむやみに薦めないし、たまに食後酒をサービスしてくれる…"というソムリエ像が浮かび上がります。後はゲスト個人のキャラクター的な好みになってくるでしょう。"静かな感じの接客がいい"なのか、"明るくやる気のある元気なスタイルを望む"なのかで好みが分かれるかもしれませんし、"ワインについてかなりしっかりと語り合える人が必要"なのか、"口数は多くないスタイルでありながら、必要なサービスのポイントははずさないタイプがいい"とか様々です。ゲストそれぞれに理想のソムリエ像というものがあり、すべてのリクエストに対応するのは難しいことです。

　価格帯的に手頃でお値打ち感のあるワインリストを目指している店に、グランヴァン[※1]（Grand Vin）好きのゲストが訪れるとがっかりされてしまうかもしれません。接待で訪れたのに、その日は特に混み合っており、サービス・スタッフが足りないためにソムリエのサービス自体も気配りなど接客のレベルが前回とは違って、少しがっかりされてしまうかもしれません。ま

た逆に、客席全体を見るために"テーブルごとの付かず離れずのサービス"をしなければならないソムリエがいる店に"かなりワインについて語りたいゲスト"を連れていってしまったりすると、ご満足いただけないでしょう。

結論：理想のソムリエ像はひとつではない

ここまで考えてきて確信できるようになったのは、理想のソムリエ像はひとつではない、シチュエーションやゲストの希望、また店の形態によっても変わるということです。

私としてはひとつだけのやり方ではなく、できるだけ様々なゲストの希望に対応できる個性を築いていくことを今現在の目標にしています。年齢的にも少しは落ち着いてきてはいますので（体力も少し落ち気味？）、「自分のサービスはこうです。このワインはこうするのが一番良いのです」という部分を少し控えめにして、ゲストの希望を汲んでから方針を決めていくぐらいの、"ややゆっくりの反応"でいいのかなと思っています。

毎日繰り返される同じように見える営業の時間の中でも、テーブルごとに、またゲストごとに、ワインの状態や料理との組み合わせにおいて、その瞬間ごとに求められているサービスは変わります。その瞬間を感じてサービスを行なうことが、ソムリエ・サービスの理想とされるところではないでしょうか。

これからも"できること"と"やりたいこと"と"やらなければならないこと"とのバランスを考えて、自分が置かれている環境や経験、年齢によって、理想とするソムリエ像を意識的に変えられることが、私自身にとっての理想とするソムリエ像であるのではないかと思います。

第4章 理想のソムリエ像

※1 グランヴァン：偉大なワイン。確立された法的な規制はないのだが、ボルドーではエチケット（ラベル）にこう書かれていることが多い。

第4回全日本最優秀ソムリエコンクール（2005年）優勝の賞状。ワイン造りもサービスの仕事も積み重ねかなと思っています。

Colonne ⑥

サービス業って歩くこと？

　雑誌の取材や、いろいろなところで訊かれることが多いのが、ソムリエの道具を見せてください、もしくはお薦めのワイングラスを教えてくださいという質問です。しかし、私はサービス業で働いている人にとって、実は"仕事の靴"がとっても大事な道具なのではないか⁉　と密かに感じています。ソムリエ・サービスという仕事は、1日の大半を立って過ごします。さらに営業中はある程度のスピードで動き回り、さらに私の店なんかだと洗い物もあるので濡れるなど、かなりの環境のもとで靴を酷使しているわけです。

　店によっては導線が悪くて歩く距離が長いとか、段差があって腰に負担がかかるという環境の下で、お皿を運んだりワインを注いだり水を注いだりと、くるくると動き回るため、かなり"足"を酷使しなければなりません。そのためにも、動きやすく疲れにくい靴が必要だと、昔から（小学校のサッカースクールの頃から）結構靴にはこだわりを持っていた私は、感じているのです。

　私の靴選びのこだわりは、靴底のゴムのやわらかさです。これも店の床材のコンディションによってかなり変わってきます。床が絨毯（じゅうたん）の店ではゴムだと引っかかってしまったりするので革底が良かったりもします。また、大理石の床で硬い靴底のものを履いていると、膝や腰に疲れがきやすいので、少しやわらかく、滑りにくいものを選ばないと膝や腰を壊してしまうこともあります（ただあんまりやわらかすぎると、今度は靴底が早く減ってしまうのが難点です）。

　そしてできれば軽いこと。長い距離を歩くには、ある程度の重みがあった方が良いという意見もありますが、私の店では、出だしの速さ、急加速

と、急停止（どんな状況の店なの!?）という状況が多いので、軽い方がふくらはぎに疲れがたまりにくいように感じます。

　そしてできれば空気が入るとか、靴の中の熱が逃げるなど、そんな機能が付いているとさらに良いと感じています。踵にポンプが入っていて、"歩くたびに新鮮なエアーが入ります！"という靴も試したことがあります。そのほかにも実は細かい点がいろいろあります。私は足が大きい方なので、できれば少し小ぶりに見えるように先端がややスリムなデザインの靴の方がありがたいです。先の部分があまり大きいと、ホバークラフトが進んでいく！　みたいになってしまうからです。また、靴底の部分も、横に滑らせた時に引っかからない程度の硬さのゴムの方が、スムーズに動ける気がしています。

　さて、そんなこんなで長い間、いろいろな靴を試してきましたが、ここのところはお気に入りが見つかっていて、そのタイプを2足買って交互に履き替えることで乗り切っています。レストランの中で履いても外観上の問題のないビジネススタイルの黒の色調のものでありながら、スポーツシューズ・メーカーが歩くために開発したもので、靴底の特殊なゴムが踵をやさしく守り、疲れや痛みがきません。これはなかなか出来が良く、この業界に入ったばかりの人などにも、少し高めの値段ではあるもののお薦めしたいと思っています。

　この商売は、歩くのが基本です。この仕事を長く続けていくためには、履いている靴による影響も大きいように感じます。しかし、大事な部分でありながらあまり気にされず、まあこんなもので仕方がないかなという程度にしか思われていないのではないでしょうか。価格もある程度はするので、若いサービスの方には負担が大きいかもしれませんが、将来的にこの仕事を続けていくうえでも大きな要因のひとつなので、ここはひとつ頑張って自分に合った、動きの楽な良い靴を見つけてほしいと思います。

ソムリエ・サービスの方は勿論のこと、歩き回ることの多い営業職の方なども、少し靴に、特に靴底の硬さと材質に気を付けて、意識的に変えてみてはいかがでしょう。

私が履いている靴。大昔サッカー部だったので靴には凝ります。踵がやわらかく腰に疲れがたまりにくいタイプにこだわっています。

毎日毎日の繰り返しで、気が付くと10年を迎えました。

Colonne ⑦

現場に立ち続ける意味

　私自身は椅子に20分以上座ってデスクワークを続けると眠くなるという体質上（ちょっと嘘です）、どうしても現場でサービスをするということにこだわってきました。

　接客というのは、結構神経を使う仕事でもありますし、良いことばかりが続くわけがないのはどの仕事も同じで、問題が発生することも多々あります。しかし、現場にいたいし、営業という時間の中でソムリエとして毎日"ライヴ"を行ないたいという気持ちが私の中では最優先事項です。オーナーであると営業以外にもかなりの雑用が増えるのですが、やはりここは自分としてはこだわりたいところであるし、フランス修業時代から考えてきた自分なりの理想のソムリエ像というのは、ここに、すなわち毎日行なうソムリエとしての"ライヴ"に集約されるのだと考えています。

　立場が替わって、ホテルや宴会場などの大きな組織の中のソムリエ職では、年齢が上になると管理職になり、会議が増えすぎたり、伝票にサインしたり企画書や購入依頼書を作らなければならなくなります。どんどんデスクワークが増えていってしまうので、現場に出たくてもなかなか出られなくなってしまうということも事実です。

　接客という仕事、ワインという素材、トータルとしてのレストランという空間が好きです。私自身はなんとか毎日現場で仕事をし続けたいと思っていました。好きなことを続けるには自分で店を持つことしかないのかなと思い、マクシヴァンを立ち上げました。なんとか小さい店ながらも続いてきていますので、そういう意味ではこの部分においては理想とするソムリエ像へ向かっているのかもしれません。

第2部
ソムリエのノウハウで
ワインを楽しく

第5章

ワインとある生活

1．ワインの効能について

　ワインと健康に関してはいろいろな説が昔から言われています。有名なところでは白ワインは酸があるので、食中毒を防ぐ働きがある（生牡蠣や海の幸の盛り合わせにはロワール地方の酸っぱいミュスカデ〔Muscadet〕が良い）とか、赤ワインでは、ヨーロッパの人は食事の際に飲む人が多いので、たくさん食べるわりにはアメリカ系の人に比べて血管系の病気になる人が少ないという"フレンチ・パラドックス"から有名になった、血管の健康を保ち動脈硬化を防ぐ"ポリフェノール"の働きなどがあります。

　勿論そういう医学的な側面からの効能もあるとは思いますが、それに加えて"食事が楽しくなる"という働きも大きなくくりでの"ワインの効能"だと思います。楽しい気持ちになることが最終的には"健康"につながっていくのではないかなと、毎日現場でサービスをしていて特に感じています。

　勿論ワインを飲まなくてもビールでも日本酒でも同じですし、またアルコールがまったくだめな方は楽しめないのか？健康とは無縁なのか？　というとそういうことではありません。

　しかし、ワインにはほかのアルコールを含む飲料との大きな違いがあります。わかりやすいところでは世界中で造られており、とてつもなく種類が多いということです。細かく言い出すときりがありませんが、同じ年の、同じ造り手の、同じ畑のワインを開けたとしてもボトルごとの細かい違いはあるのです。

　さらに細かく言うと、グラスに注がれてからも時間の経過による温度の変化や空気との接触の具合による変化。ワイングラ

スを回すのが好きなゲストのぐるぐると回している回数（"ぐるぐる度合い"という専門用語!?で表わします）とそれに比べて回していない人との実際のグラスの中身に生じる大きな違い。飲む人の口の中の温度や、飲む前に何を口に含んだか（パンだったか、赤身のお肉だったか、もしかして店によっては、厚めに切った子持ち昆布だったかもしれない）によって変わる印象の違い。さらには余韻と呼ばれる味わいの残り具合の状況の違いなどで、限りなく変化していきます。これだけの多様性をわかりやすく出すことのできる飲料として、ワインはほかには比べることのできないほどのレベルだと思います。

　次にワインを飲む場合のシチュエーションに注目してみます。「最近少し忙しかったから、今週末は友人とゆっくりご飯を食べにいこう！」とまず考え、次に「誰と行こうか」「どの店に行こうか」と考えをめぐらせて予約をします。店に着いたらさっそく食前酒を選んだり、メニューやお品書きを見たりお薦めを訊いたりしながら食べるものを決めて、リラックスしながら考えが楽しく広がりますよね。

　さらにワインがあれば、そこから「どんなワインを飲もうか」「そして料理との相性はどうか」「今日は寒いからこのワインはどうかな」「暑い時期だからすっきりとしたタイプで始めたい」など、ワインの選択を考えるだけで楽しみのバリエーションが広がっていくと思います。

　いやいやワインはそれが面倒くさくて嫌なんだ、という方は「軽くて飲みやすいのがいい」とか「重くてしっかりが今日の気分だな」とお好みだけを簡単にサービスに伝えて後は任せていただければ良いのではと思います。

ご飯を食べにいく時に、またワインを飲みにいく時に、ほとんどの方は「おいしいものを食べにいこう！」「おいしいワインが飲みたいね」と言われると思います。「今日は疲れたから、絶対にまずいものが食べたい！」とか、「どうでもいいワインを飲みにいこう！」とは言いませんよね。

　おいしいものは体に良くて、それを体に取り込むことによって精神的にも肉体的にも健康になり、その結果が長生きにつながっていくんだ、ということを私たちの体は本能的に感じて知っていると思います。だからこそおいしいものが食べたくなるわけだし、できればおいしいと感じられるワインに巡り合いたいわけです。おいしいものを食べたい、おいしいものを飲みたい！　と思う気持ちを持続させ続ける大きな要素のひとつがワインであり、これが生きていくうえでの"ワインの持つほかにはない効能"になっているのではないかと思います。

2．自分に合ったワインの買い方とは？

　おいしいワインを買うにはワインの本を調べる、ウェブサイトで評判のもの（例えば高得点をつけられているもの）を選ぶなど、方法はいろいろとありますが、それが実際に自分に合ったワインなのかどうかは、なかなかに難しいものがあります。

　というのもワイン評論家の選ぶタイプが"自分の好みと同じかどうか"がわからないからです。「私とロバート・パーカー（100点満点の評価システムが評判のアメリカのワイン評論家）とは驚くほどまったく同じ感覚」とか、「ヒュー・ジョンソン（現代のワイン界を代表するイギリス人のワイン評論家）はいつも最

高！」というように、自分の好みにぴったりと合った評論家が見つかるのであれば、その人を頼りにワインを買いにいけばまず間違いありません。

　しかし、彼らが薦めているワインが店になかったり、金額的にもう少し人懐っこいのがありがたいとなると、自分自身の力で探さなければならなくなります。ただ、「毎日仕事もおかげさまで忙しいし、本を読んだりネットでたくさんある中から探し出したりするのは億劫だ」という人が大半だと思います。そこで、ここでは"自分好みのワインショップを造る"という方式（作戦）で進めたいと思います。

　まず最初に、口コミやワイン雑誌などで、やる気があって親切そうで、できるだけ近場の店を選びます。あまり遠いと少し面倒になってしまうので、足を運びやすいというのも大切なポイントです（ここまでの手間はおいしいワインを手軽に手に入れるためだと割り切って、なんとか頑張ってください）。この"親切そうな"というところがポイントです。実際に店に行く前に、置いてあるワインの価格帯などを電話で訊ねてみたりして、どれぐらい丁寧な対応が感じられるのか確認してから訪問すると良いでしょう。

　まず1回目は「3,000円くらいで少し重い感じの赤」とか「2,000円まででできりっとした白ワイン」など大まかに金額と好みを告げて、薦められたワインを買って帰ります。次に自分の顔を忘れられないくらいの間隔で同じ店に行き、前回薦められたワインに対する感想を告げ「赤ワインはもう少し渋みが欲しい」とか「おいしいんだけれど、もう少し軽い感じの白で」などと個人的な好みのポイントを伝えます。

大まかな好みを伝えて、店がその意見を参考に薦めるワインを選んでいくのは至極当然なことなのです（「そんなワインはうちにはありません、ほかを当たってください」というような店であったら、すぐに次の店を目指しましょう）。この作業を繰り返すことによって、店の方はあなたの好みがわかるようになり、3回目くらいからはすんなりと自分好みのワインを薦めてくれるようになるわけです。

　さらに回数を重ねると「お好みのワイン品種はしっかりとしたカベルネ系ですね」とか「重すぎるタイプのシラー種はあんまりお好みではないですね」など自分自身では気付かなかったワインの好みを教えてくれるかもしれません。

　通うほどにいろいろと便宜を図ってくれて、楽しくなってくるのはレストランや飲食業をはじめ、どのサービス業にも共通していることです。そのうちには、入荷本数の少ないおいしいレアものながらもお手頃な価格帯のワインをこっそりと薦めてくれることがあるかもしれません。さらに慣れてくるとわざわざ店に行かなくても、時間のない時には電話で予算と本数を指定して、宅配便で送ってもらったりと楽しみ方も広がります。

　しかしこの方法にも問題点はあります。

　何回通ってもどうも今ひとつおいしいのに当たらない、とか、毎回どうも味わいがばらついていて3本買うと2本は良いけど1本は"とんでもございません！"みたいな場合は、早めにその店には見切りを付けることも大切です。そこの店の品揃えと、自分の好みとが違っているのかもしれないので、また新しい開拓の旅に出た方が良いでしょう。

　好みのレストランや寿司屋を探す感覚で、自分専用のソムリ

エを作り上げる気持ちでワインショップを探してみてはいかがでしょうか？

3．きわめて基本的な飲み方について

「ボトルを振るとより個性が際立ってきます」とか「ワインの個性に合わせてグラスを変えましょう」と言う前に、まずは極めて基本的とされるワインの飲み方について紹介したいと思います。"白ワインは冷やしてお魚料理に、赤ワインは室温でお肉料理に合わせて"とよく言われます。まあ間違いではないのですが、あまりにも大まかすぎるのでこの辺から少し考えてみましょう。

"適温"とは何℃くらいなのか
・白ワインについて
　白ワインの持ち味のひとつである酸味を生かすためには、やはり冷やした方がおいしく感じられると思います。ただ夏と冬とでは同じ温度であってもかなり感覚的には違って感じられますので、その辺を考慮する必要があります。
　例えば、真冬の2月に白ワインを18℃の温度で出しても「ちょっと冷たいかな？」というくらいの印象ですが、真夏の8月に同じく18℃の液温の白ワインを出してしまうとぬるく感じられ「おいおい、何を考えてるんだ！」と思わず言いたくなるぐらいに"どんよりとした切れのない香りとまとまりのない味わい"が強調されてしまい、バランスがかなり崩れて「このワインはおいしくないな」とすぐに感じられてしまいます。
　「じゃあ、いったい何度なんだっ？」って言いたくなるのは当

然のことだと思いますが、実際に飲まれる部屋の温度（環境）や合わせる料理の温度、味わいの相性なども加味していくと、複雑性が増してしまうので、「このワインの最適な温度は何度です！」と言い切れる絶対的に正確な数字は難しいのです（だからワインって面倒くさいんだよねーという声が聞こえてきそうな感じですが）。しかしそんなことばかりも言っていられませんので大まかな目安を紹介すると、夏場はグラスに注いで10〜14℃くらいがスタート（注いですぐの状態）の感覚で、冬場はもう1〜2℃ほど温度が高くてもおいしく感じられることでしょう。

　なぜこんなに回りくどい説明になっているかといいますと、ワインを楽しむ際には、温度の決定がワインの印象そのものに大きな影響を与えるからなのです。気候的に涼しいニュージーランドのリースリングを"すっきりとした酸味を際立たせて飲みたい場合"と、ブルゴーニュの熟成感のあるムルソー（Meursault）などを"しっかりとした滑らかさを強調して飲みたい時"などでは、同じ白ワインであっても、まったく提供温度というものは変わってきます。すっきりとした味わいのリースリングは10℃くらいから、滑らかなこくを意識したいムルソーは16℃くらいから始めたいところです。

・赤ワインについて

　真夏にごくごくと飲みたいボージョレなどは、赤ワインにもかかわらずしっかりと冷やした方がおいしく感じられます。だんだんと冷え込んできて北風が頬を刺すような11月頃、しっかりとした嚙み応えのあるジビエ（〔Gibier〕野生の鳥獣の肉）など野性味あふれる料理に合わせて熟成感の出ているクラシッ

クなボルドーやブルゴーニュなどを飲む場合には、グラスの中の温度は18℃を少し超えたぐらいからがタンニンから来る渋みが滑らかに感じられ、おいしく感じられることでしょう。

　ワインというものは温度を少し変えてしまうだけで、持ち味や、方向性が変わってしまうのです。ですから温度について語り出すと一番大変かもしれません。

・ワインと温度の関係

　料理の味付けのひとつに塩加減がありますが、「この料理にはどんな時でも絶対に塩小さじ３分の２です。ほかは認めませんよ！」と書いてある料理の本は少ないと思います。「基本的にはこれくらいだけれども、その日の食材などによって味わいは変わるので、必ず味見をして塩の量や味付け加減を調整してください」と書いてあるのではないでしょうか。これは、塩加減は毎回微妙に変わる方が当たり前という考え方の最たるものだと思います。

　また食材による変化に加えて、食べ手側からの好みもあります。濃い味付けが好きな人もいれば、薄い味が好きな人もいるので、ゲスト（＝実際に食べる側）の希望によって微妙に塩加減や味付けを変えることも大切です。

　料理の味を決めるのが塩加減とするならば、ワインの味を決めるのがまさに温度です。合わせる料理やゲストの好みなどに合わせて、細かく気を遣う必要があるのです。

ワインを適温にするために

「ではどうすればおいしい温度に近付けることができるのか？」というと、できるだけ低めの温度からサービスを始めます。温

度の高い状態から冷やすのは時間もかかりますし、ワイン自体が急に冷やされることで、香りが閉じてしまったり、味わいのバランスが崩れてしまってそっけない味わいに変わってしまったりすることが多々あります。しかし、低い温度から上げていく分には、グラスをゆっくりと回してみるなど手間もかかりません。グラス自体を移し替える、デカンタージュなどによってあっという間に温度が2〜3℃は上がってしまいます。急いで冷やす時に氷水に浸けたりするよりもダメージが少なく、ワイン自体ものびのびと手足を伸ばしていくようなニュアンスで、開いていきます。

グラスに注がれた時点での温度で言うと、夏場では、白ワインのすっきりしたタイプは8℃くらいから、滑らかなタイプは10〜12℃くらいから、赤ワインで軽めのタイプは12〜14℃くらいから、しっかりとしたタイプは13〜15℃くらいから。冬場では、それぞれ2〜3℃ほど温度を上げ気味でスタートの温度を意識してください。

暑い日であればグラスの中の温度はどんどん上がっていきますので、注ぎ入れるワインは少し冷やし気味にする必要があります。寒い日でゲストの飲むペースがゆっくりで、グラスの中の液量がたっぷりある場合は、ワインをそんなに冷やす必要がなく、グラスの温度と合わせるようなニュアンスでゆっくりと注ぎ入れるようにしています。

・ワインの適温、ゲストの適温

長い間、ワインの温度とは曖昧なままに"適温＝提供温度"と訳されてきました。決して間違いではありませんが、ワインを飲む温度を決めるのはグラスに注がれて実際に口に含まれた

時の印象なのです。この時のおいしい温度が"適温"となるのですが、なかなかに決められないというのが真実です。

　なぜ決められないかというと、ワイン側から見た適温と、飲み手側の希望する飲みたい温度が少しずれてしまっていることもあるからなのです。毎日ワインを提供して、そのワインの扱いに慣れているソムリエは、ワイン自体がセラーに置かれている時点で何℃になっているということがわかっています（細かく言うと、セラーの温度と、実際の液温とは異なります）。抜栓してからの時間の経過を考えて、飲み頃の予想を立て、さらに飲む方のペースを考えてワインのピークが表現できるようにしていくのですが、ワインの状態に加えて"飲む側の好み"もとても大切にします。

　私はきりきりに冷えたビールが苦手なのですが、このように、ゲストによってのお好みがあるのは当然だと思います。「プレスティージュのおいしいシャンパーニュなのであまり冷たくしないで、全体の構成の見事さを感じてほしい。私ってなんて良いサービスなんだ！」と思ってお出ししたら、「もう少し冷やしてほしい」と言われてしまったり、「貴腐ワインのこの独特の甘みと酸味がここで交差すべきっ！」という熱い思いで、急いで冷やしたところが「冷たすぎるんじゃないの？」と言われることもあったりして、サービスとはなかなかに難しい、というところがあります。

　昔はワイン・サービスの人間が、「わかってないなー」という態度をつい取ってしまったり、「このワインはこの温度なんです」と説明してしまったりということもあったようですが、飲食サービスの基本はある程度はゲストの好みに合わせるという

ところなので、「それはどうなのかな？」と私は思います。
　私の方法としてはできるだけの作業をしたうえで、ゲストに私が何を考えてサービスしているのかを最初にお伝えします。例えば、「このワインは、カーヴから出してきてすぐなので少し温度が低く感じられるかもしれませんが、少し時間が経つと温度も上がりますし、その際にこのワインにある香りの複雑性と後味に残る甘みもわかりやすく開いてくると思いますので、いかがでしょうか？」というようにです。ほとんどの方は「それならばこの温度でいいですよ」と納得してくれますし、さらにこれから訪れるであろうワインの変化を楽しみに待っていただけるようになります。
　温度はとてもデリケートであり、ワインの印象を決める大きな要素です。絶対的な数字がないところがワインの持つ幅広い楽しみと考えて、いろいろと試してみてはいかがでしょう。

4．ワインを保存するには？

　ワインのセミナーなどで多い質問のひとつに"ワインの保存や管理について"があります。日光の当たらない押入れに入れていればいいのか、やはり専門の冷蔵庫を買わなければならないのか、ワインは液体だからそのままでもいいのでは、など今回はワインの保存と管理について考えてみましょう。

・一般的なワイン管理環境
　一般的に言われているワインの管理についての理想的な環境として、①温度は年間を通じて 12 〜 15℃を守る、②湿度は 70 〜 75％くらいの間を維持する、③光は必要な時のみ点灯

する環境を守る、④振動を避ける、⑤異臭のあるものと一緒に保管しない、⑥ワインは横にして保管する、などが挙げられていますが、一般家庭ではなかなか難しいところもありますね。
"横にする"とか"光を当てない"などはなんとかなりそうなのですが、湿度や温度となるとやはり日本では自然のままではこうはいきません。私が働いていたパリのレストランなどでも地下のセラーではメトロ（地下鉄）の振動をわりと感じたりもしましたし、フランスも温暖化の影響で気温自体も夏場などは少し高いんじゃないかと感じるため、地下セラーにさらにエアコンを付けたりとどこも保存の場所には苦労しています。

・希少価値の高いワイン、古いワインを保存したい場合

　希少価値のあるワイン、古酒と呼ばれるワインを保存するということはそれなりにコンディションに気を遣う必要があるので、できるだけ環境を整える必要があるのではと思います。繊細で傷みやすいところがあるので、せっかくのワインの細かいニュアンスをひとつも逃さず保ちたいというのであれば、やはり先ほど述べたような環境を心がけないと、いざ飲みましょうという時にがっかりしてしまうことになってしまいそうです。

・そのほかのワインの管理について

　ここからは保存される本人がどうしたいのかによって変わるように思います。

　勿論環境が許すのであればワイン用の冷蔵庫の中で"楽しみに育てる"ということをお薦めするのですが、冷蔵庫はそんなに安いものではないし、置く場所もいるので、なかなか考えてしまうこともあるでしょう。

　日本には夏があり35℃を超えるような暑さが続くことも多い

国です。ワインの平熱が13℃だとした場合、22℃も高い環境にいることになり、少し強引な理論ではありますが人間の平熱が36.5℃だと置き換えると58.5℃の環境で暮らし続けるのと同じ状況であり、体のコンディションがかなり変わってしまうのではと思うのです。

　なので「その辺のところが気になって夜も眠れない」という方はそれなりのコンディションを整えることが必要ですし、「うちのワインは根性があるから熟成が進んでいいんです」っていう方はあまりこだわらなくていいのではないでしょうか。

　ただし、これは個人で保管される場合の考え方で、店で購入される場合には、ちゃんとしたコンディションを気にかけている店を選ぶことは必須条件です。購入した時点でワインに疲れや劣化がある場合、そこからいくら頑張って良い状況で保管しても決してワインのコンディションは良くはなりません。店に入ると暖房でむっとしているとか、蛍光灯にしっかりと照らされている店などは少し考えた方が良いでしょう。「ワインとお金は人間とは逆で孤独で静かなお墓の中のような環境が好きなんだ」(そういうところに置いておきなさいという意味だそうです)というイタリアのことわざを思い出して、ご自宅での保管は勿論、購入される際の店選びをなさってください。

Colonne ⑧

予想と違ったワインを買ってきてしまった――そんな切ない時のために

ワインを買いにいって、なんとなくおいしそうなワインに出会い、「よし今週末はこれで行こう」と決心して購入。期待に胸震わせながら開けてみたところ「しまった！　思っていたのと違う！　どうすればいいんだ！」という経験は皆様お持ちだと思います。

ラベルの見た目は、しっかりしていてクラシックなデザインなのに、飲んでみるとなんだか軽くて酸っぱいとか、「軽めで果実味があり、香りも十分に開いていますよ」と店の人に笑顔で薦められて買ったはずなのに、「しっかりとした樽の香りがその存在を主張しすぎていて余韻も少し甘みが残りすぎ。もう誰も信じるもんか！」など、なかなかに思うようにいかないことが多いのも事実だと思います。

そんな場合に、レストランでのサービスのように"デカンタージュを2回行なって空気接触を試みバランスを取ったうえで、さらに大ぶりのグラスで甘みが主張しすぎないように育てていく"という段取りができれば良いのですが、「今週忙しかったし、自宅で飲むのにそんな元気はもうありまへん（大阪？）、今すぐ飲みたいんです」といった場合に、なるべく素早くおいしく感じられる飲み方について今回は考えてみたいと思います。

● 切ないケース①

「軽めのワインで思っていた味わいとかなり違う」

対応法：ジンジャーエールで割ってワイン・カクテルにして飲む。

　白ワインでも赤ワインでもジンジャーエールで割って飲むと、あら不思議といいますか、おいしいカクテルになります。暑い時期は氷を入れるとさらに飲みやすさは増します。それ以外でもジンジャーエールとワインの

量を自分好みにすることで、アルコール度数も調節できます。
　スペインで広く飲まれている"サングリア（Sangría）"というワイン・カクテルのように、オレンジジュースで割ったり、レモンやオレンジスライスを好みで入れたりして自分好みの味わいに育てていくのも楽しいものです。

● 切ないケース②
「重めのワインで思っていた味と違います」
対応法：いろいろと振りかける。

　これはワインに振りかけるのではなく、合わせるおつまみや料理に対してです。胡椒やソース、山椒、さらには高級焼肉のブランドのたれなど、香辛料をいろいろと振りかけて食べ物にメリハリを付けることで"ワイン自体の味やアルコール感があまり強く感じなくなる"というやり方です。それ以外にも、パルメザンチーズを加えたり、おいしいオリーヴを細かく刻んで混ぜたり、生ハムやソーセージ、辛めのチョリソなどを添えて一緒に楽しむことで、重く強く感じてしまっていたワインとの相性も格段に良くなりおいしく感じられるようになるでしょう。
「今日の気分は豆腐なんだよ。こんな重いワインでは困るやらー（岐阜？）」という場合にも、豆腐に焼肉のたれをかけて、さらに胡麻七味をかけて辛みを加えると、「このワインを選んで良かったな、やっぱり私の目に狂いはなかったな（自画自賛光線炸裂！）」と思える瞬間が来るかもしれません。

● どうしようもない悲しいケース
「やっぱり重くて苦くてしつこい。もうワインなんて嫌いになりそう」
対応法：もうこうなったら水で割る。

　樽からの要素が顕著で苦い、後味が甘いなど余韻もしつこく感じられ、

上記の香辛料作戦でも、何か根本的に違う。「今日はデリバリーのピザに合うような軽いワインがいいんだ！」という場合には、最後の手段として"水で薄める作戦"が発動されます。先にグラスにワインを入れておいてから水を加えていくと、思っていた状態の"軽さの感じられるお好みの飲みやすさ"になりますし、勿論アルコール度数も下がります。

"現地で毎日働く造り手の情熱を伝える"ということもサービスの際に考えなければならないソムリエの立場としては、店では行なわない作業です。しかし、例えばコンビニで買ってきて飲もうとしたものの、あまりにも味が強くて「困ったな。つまみは野菜のサンドイッチなのに…」という場合にはありだと思います。1杯目は少し水で割って、その後も少し水を加えたりして飲んでいくうちに、あらあら不思議、だんだんとそのワインの味に慣れていって後半は水を入れないワイン本来の味が好きになるかもしれません。

そのほかにも、白赤混ぜて"オリジナル・ロゼワイン作成作戦"とか、"オーストラリア・カベルネとチリ・メルロ世界最強タッグブレンド作戦、アマローネ[※1]（Amarone）を超えられるのか？"などと、いろいろご自宅で試してみるのも楽しいと思います。

●

仕事柄、ワインなどの飲料を、基本に忠実においしく提供していますが、たまに提供している香りや味わいに疑問が出たりすると、今までとはまったく違ったアプローチではどうなるのかな？　と考えることもあります。ここではそんな変わったアプローチについて、私なりの結果をお伝えしました。興味を持たれた方法を、一度試してみてください。新たな発見があると思います。

Colonne ⑨

ワインのいろいろな楽しみ方

● **実験 ① マンサニーリャの熱燗ってどうなの？**

　マンサニーリャというのはスペインのシェリーのタイプです。ドライなフィノ（Fino）に比べて軽やかな塩味の軽快感がおいしいところが特徴なのですが、これを熱々のお燗にするとどうなるのだろうと考えたわけです。

　実はふぐ屋に行った際、ヒレ酒は勿論、ヒレ泡盛がとてつもなくふぐの白子に合ったのに影響を受け、これを"ワイン界"に置き換えるとどうなるだろうかと考えたことがきっかけでした。シャンパーニュは勿論だめだし、ホワイトポートではとろみは合うけど味わいが甘いしなーと考えていくうちに「マンサニーリャであれば、あの潮の香りと味わいは温度を上げても耐えられるのでは!!」と思いついたのです。

　結果としては、まず香りで少しむせますが、そんなに悪くはありませんでした。香りも少し温度が下がるとそんなに変に感じることはなく、味わい自体も本来の形を失ってまったくだめ、ということはなく、それなりには楽しめます。寒い時には「そんなに嫌わなくても1回ぐらいは試してもいいかしら」という感じです。

● **実験 ② 電子レンジでワインは開くことが可能なのか？**

　2003年のヴォーヌ・ロマネを開けたのですが、思っていたよりも硬くあまり開いてこないので、「えーいそんなことならこうしてやる！」と、グラスに注いで電子レンジの解凍モードにかけました。5秒刻みぐらいの"温まらないけれどもなんとなく変化はするかも"みたいなタイミングで味と香りを見ていきました。名付けて"目指せDRC[※2]作戦"です。その結果、想像どおり香りがほぐれて、少し、ほーんの少しDRCの近くを横切った

ような香りが出ました。このままひと晩置いておくと素晴らしくなるのでは？　と楽しみにして次の朝もう一度飲んでみたのですが、残念なことにバランスを失って"地面"に近付いた味わいになっていました。なかなかワインを育てるって、難しいものだなと実感した実験でした。

※1　アマローネ：レチョート・デッラ・ヴァルポリチェッラ・アマローネ（Recioto della Valpolicella Amarone）。イタリア・ヴェネト（Veneto）州で造られる赤ワイン・ヴァルポリチェッラに、陰干ししたブドウを加えてさらに辛口に仕上げたもの。

※2　DRC：ドメーヌ・ド・ラ・ロマネ・コンティ（Domaine de la Romanée-Conti）社のこと。ロマネ・コンティはもちろんラ・ターシュ（La Tâche）やそのほかのかぐわしい垂涎のワイン造りで知られている。

マクシヴァンでは、ゲストを待たせないスピードや、正確な温度、ワインに合ったグラスの選択などを心がけ、日本的なサービスを意識しています。

第6章

名醸ワインを楽しむ

世界の主なワインの産地

カナダ

ポルトガル
ポートやマデイラなどの酒精強化はもちろん、この国独自の品種からのワインが評価されてきています。

スペイン
スーパー・スパニッシュ旋風も少し落ち着きを見せ始めましたが、まだしばらくは新しい動きがありそうです。

アメリカ
カリフォルニアに次ぐ産地としてオレゴンやワシントンに注目が集まってきています。

モロッコ

チリ
重くてしっかりしたタイプに加えて、標高の高い畑などからよりバランスを重視したワインも造られるようになりました。

アルジェリア

アルゼンチン
この国の産地の持つポテンシャルに世界的なワインメーカーなどが注目。モダンなスタイルのワインが造られています。

ドイツ
温暖化の影響を良い方向で受けているため、赤ワインへの大きな可能性も見えてきました。

フランス
各地方では自然派の考え方がさらに浸透中。有名名醸ワインは価格の高騰が気になります。

オーストリア
世界的に認められてきており、さらに個性あふれる造り手やワインが現れる可能性を秘めています。

ハンガリー
ルーマニア
ブルガリア
レバノン
イスラエル

日本
山梨、長野、北海道以外でも造り手の意識や目標が表現されたワインが増えてきています。

ギリシャ
伝統国といったイメージに加えて、新しい考え方や技術を取り入れた造り手も増えてきています。

イタリア
安定した有名産地に加えて、品種や産地の見直し、新しいテクニックの導入が、より南の産地へと広がってきています。

南アフリカ
安定した輸出量を誇ります。この国のこの産地ならではという個性がより求められています。

オーストラリア
安定品質と抑えられた価格で人気があり。これからは産地や造り手の個性に目を向けたいところ。

ニュージーランド
酸を伴ったワインの個性が世界的に認知されてきました。地球温暖化の中でこの国の個性は優位に立つ可能性も。

ヨーロッパの国々

フランスのワイン産地

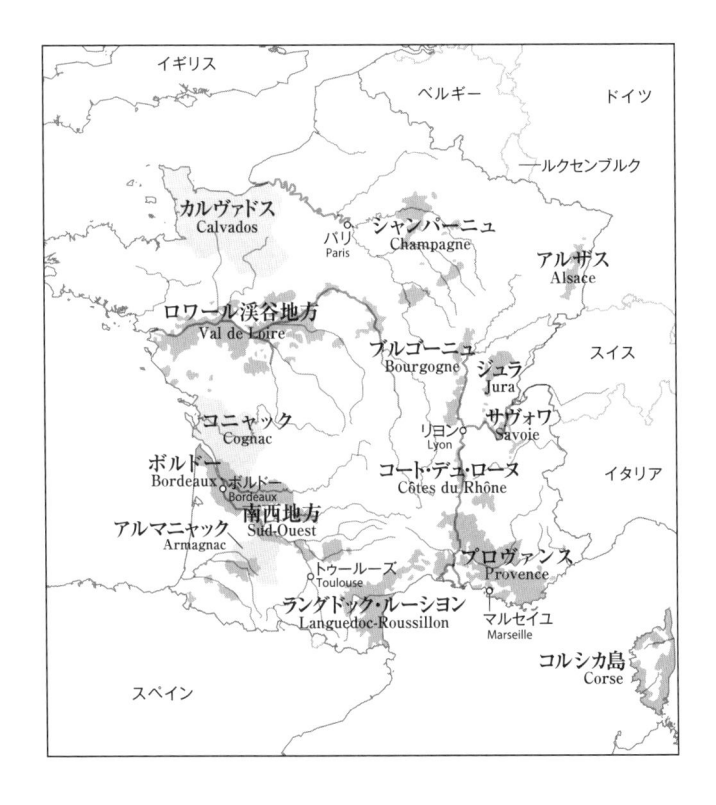

1．ブルゴーニュワイン

フランスを代表する名醸ワイン

"ロマネ・コンティ"や"シャンベルタン（Chambertin）"…、これらの名前はどこかで聞いたことがあると思います。これら綺羅星のような名醸ワインは、南北300kmに限られたブルゴーニュ地方で造られています。

フランスの中東側（パリから見て南東）に位置するブルゴーニュは、ほかの産地に比べて栽培されているブドウの品種が少ないのが特徴です。白ワインにはシャルドネ（少しアリゴテ〔Aligoté〕）、赤ワインはピノ・ノワール（ボージョレ地方ではガメイ〔Gamay〕）をもとに造られています。この限られた基本的な品種から、世界中のワイン好きを捉えて放さない、様々に個性の違う素敵なワインが造り出されているわけなのです。

では、「なぜここではひとつの品種からこんなにも異なるワインが生み出されているのか？」「ほかの産地ではなぜこの同じ品種からこれだけのものが出てこないのかしら？」と考え始めるのは当然のことです。

このことについては大昔から格好の議論の的になり、いまだにはっきりとした結論というものは得られていません。しかし、なんとなく納得できるといいますか、この言葉が出てくるとある意味しょうがないというか、そう思われるのが"テロワール（Terroir）"と呼ばれる単語です。

テロワール、すなわち"その畑を取り巻く環境"や"歴史"、勿論"土壌構成"までも含ませ、例えば"昼間は強い日射しが当たるが、夕方からは背後の山から冷たい風が吹いてくるので、

ブドウの房が冷やされて、酸味が保たれる"という、これもテロワールという言葉の中に入ります。

　ある意味とっても便利な言葉ではあるので、ブルゴーニュの個性論争に対してこの言葉は、すべての疑問に効く万能薬のような役割を持っています。

　もともとの土壌が地殻変動で複雑になり、風や地温が異なり、それらの事象を細かく判断して畑を区分けしていったのが、当時この土地を耕していた修道院の僧です。土を味見していたのではないか、と言われるくらい細かく畑を区分けして、そこから造られるブドウの質についても細かく理解していたとされています。1935年にフランスのワイン造りの法律の骨子が作られた際、この修道院による畑の区分けがほとんどそのまま採り入れられ制定されたというところからみても、その完成度の高さがうかがい知れます。

　これらの歴史からくるテロワールに加えて、現代の"名人"とされる造り手の個性とが合わさり"同じ品種なのにみんな味が違う""毎日飲み続けてもなぜか飽きない"というブルゴーニュの魅力が守り続けられているのでしょう。

　ただし、ここで気を付けなければいけないのは"思いつきで言うわりにはなぜか説得力を伴う"というフランス人の能力についてです。もしかすると、「なぜ個性がみんな違うの？」という、たびたび繰り返される質問に対してめんどうくさくなり、「だってさぁ、畑の場所が違うじゃん！」とあまり考えずに言った言葉を、「すなわちテロワールか」と、少し飲みすぎた状態でやたらと意訳してしまったからかも…と、個人的には考えています。

ブルゴーニュワインの分類

それでは、ややこしく入り組んでいると言われるブルゴーニュワインの細かい分類（法律ですべて定められています）に目を向けていきましょう。

ブルゴーニュと一口に言っても南北約300kmもあり、多くの地域を含みます。北から、シャブリ地区、コート・ド・ニュイ（Côte de Nuits）地区、コート・ド・ボーヌ（Côte de Beaune）地区（ニュイとボーヌのふたつの地域を合わせてコート・ドール〔Côte d'Or〕"黄金の丘陵地帯"と呼ばれます）、コート・シャロネーズ（Côte Chalonnaise）地区、マコネ（Mâconnais）地区、ボージョレ地区の6地区に分かれています。

そして、明確な階級制度が存在しており、①A.C.ブルゴーニュ、②村名（村はコミューン〔Commune〕と呼ばれます）、③1級格付け（プルミエ・クリュ）、④特級格付け（グラン・クリュ〔Grand Cru〕）に分かれます。

ブルゴーニュ地方で造られたワインはすべて①A.C.ブルゴーニュの中に入り、ワインの名前の前後にこの言葉が入ります。②村名は、北はシャブリから始まり、マルサネ（Marsannay）、フィサン（Fixin）、ジュヴレ・シャンベルタン（Gevrey-Chambertin）と村ごとに分けられています。③1級格付けには、畑名が付きます。「どの村にある、なんという名前の畑か」というところまで細かくわかるようになります。そして、1級格付けの畑の中でもよりクオリティーの高い畑と認められた畑のみが④グラン・クリュと名乗ります。これは法律で定められております。

ブルゴーニュの格付けは、土地に付けられたものです。したがって、畑の所有者が変わることもありますが、畑に対しての

格付けは変わりません。基本的にはその土地の持つポテンシャルに対しての評価になるからなのです。

　ちなみに、ブルゴーニュと並ぶ名醸地であるボルドーワインの61シャトーの格付けは、ワインに対して付けられたものであるため、畑を買い足したりして（勿論、所有者の責任としての品質は厳しく問われます）面積が広がる可能性がありますが、ブルゴーニュの格付けされている畑の面積が変わることはありません。

シャブリの格付け

　次に、ブルゴーニュの中でもいちばん北に位置する"シャブリ"の格付けについて少し細かく紹介します。ここでは生牡蠣や海の幸の盛り合わせなどにとても合うと評判のきりっとした味わいの白ワインが造られていることで知られています。ここも細かく言うと"シャブリ"という全体の場所の名前が付いているだけのものや、"1級＝シャブリ・プルミエ・クリュ（Chablis Premier Cru）"、"特級＝シャブリ・グラン・クリュ（Chablis Grand Cru）"、さらには周辺に広がる場所で造られている"プティ・シャブリ（Petit Chablis）"というものまで4つの法律上の格付けが存在するのです。

　さらに細部を見ていきますと、最高の品質として定められている"シャブリ・グラン・クリュ"に関しては"キンメリジャン（Kimmeridgien）"と呼ばれる白亜質の土壌から造られており、川沿いの日照量の豊富な傾斜地に固まって存在しています。

　シャブリ・プルミエ・クリュになるとシャブリ・グラン・クリュの周りを取り囲むように広がっているのですが、土壌の構成成

分がグラン・クリュの"キンメリジャン"から細かい丸みを帯びた形状の石が多くなってくる"ポートランド層石灰質 (Calcaires Portlandiens)"という地質学上の呼び名に変わり、大柄でしっかりとしたシャブリ・グラン・クリュと違い、より細かい酸味や"火打ち石！"を思わせる香りが出てくる、体格的に引き締まったワインを生み出すようになると言われています。

　さらにはその外側の部分に広がっている"プティ・シャブリ"。ここは19世紀の中頃にフィロキセラ（〔Phylloxéra〕ブドウネアブラムシ）という害虫にやられる前までは畑があったところで、20世紀に入り畑を復活させようかとしていたところ、今度は1956年にこの地方を襲ったひどい冷害で再び全滅してしまいました。以来、ワインを造ることがなされていなかったのですが、衰えることのないブルゴーニュワインの人気に後押しされて、新たに樹が植えられたところです。ちなみに、ヨーロッパではワイン造りのために勝手にブドウの樹を植えることは、法律で禁止されていますので、勿論申請をして許可を得ての話です。

　ここで面白かったのは「せっかく新しく始めるのだから、いろんな可能性を試したい！」という考えの造り手が多かったことです。「シャブリはすっきり飲みやすい」といった固定観念に捉われずに、しっかりとした味わいのヴォリューム感の出ているタイプや、自然派の栽培や醸造を行なう人までがいるために、このプティ・シャブリのワインは実際に飲んでみるまではシャブリとはいえ、どんなタイプの酒質なのかはわからないことが多く、そこもまた固定ファンを増やす一因になってきているようです。

有名なシャブリだけでもこのように歴史や土壌からくるいろんな要素があり、そこを知らずに飲んでも、勿論おいしく楽しくはなるのですが、少しだけでも知ってることがあると、よりワインに親しみがわいて、そして より"ワインや産地のファン"になれるように思います。

おいしさの秘密はテロワールにあり!?
　ブルゴーニュの有名な造り手による素晴らしいワインを飲んで以来、「あの香りが忘れられない！」とか、「あの味に似たワインがどうしても飲みたい！」という要望をゲストから多くいただきます。私の店としては、どちらかというとすでに確立された有名な造り手を出すというよりは、"これから伸びるというか、知られてないけどおいしいでしょ!?"という感じのワインを探して出す、というところで生き延びようとしている、というコンセプトがありますし、ゲストの立場からしても、やはり予算もあるでしょうから、ほとんど手に入らないドニ・モルテ（Denis Mortet）とか"ブルゴーニュの神様"と呼ばれるアンリ・ジャイエ（Henri Jayer）というわけにはいかないのです。
　ソムリエとしてはなんとか頑張って、知られてはいない造り手の中から「これは今飲んでおいしい！」とか、「今まで隠れていた新星を発見！」と言いたいところなのですが、ご存じのとおり狭いブルゴーニュの中を、毎日多くのワイン関係者が新星を求めて巡礼を重ねている状況です。新星もそんなに隠れているわけも場所もなく、なかなかに満足いく内容のワインを探し出すのは大変です。おいしいブルゴーニュはそんなに簡単には見つかりません。

あんなに狭い産地の中で、さらになぜあれほどの違いが出てしまうのか？　「このワインこそはなんとしても飲みたい！」と思い、同じ産地の同じ畑でありながら、もう一方の造り手のものは「もう飲まなくてもいいや」と思ってしまう違いはどこからくるものなのか？　そしてなぜおいしいと言われる造り手は増えてこないのか？　これはよく訊かれる質問です。

　簡単に答えるには「やはりテロワールが違いまして（小さく微笑みながら）」というのが定石です。これを言われるとしょうがないなーというか、いきなり結論というか、はいおしまい的な幕引きが訪れるわけなのですが、なんとかほかの言い方はないものかと私なりに長年考えてきました。

　現地で造り手自身に聞いてみたり、フランスのソムリエに聞いてみたり、海外のワイン・ジャーナリストの人に質問してみたりしましたが、結局「造り手とテロワールだろうね」という結論になってしまい、"宇宙の先はどうなっているの？" みたいな曖昧な？　終焉を迎え、それ以上の意見はないようです。

　造り手の説明として、"例えばラーメン屋さんは星の数ほどあるけれど本当に行きたいところは限られる→アルマン・ルソー（Armand Rousseau）店とデュジャック店に代表されるようないつ行ってもおいしい店" というか……。なんとかこの込み入ったブルゴーニュの説明に近いものはないものかと努力は続けてはいるのですが、どうもいまひとつしっくりとはきません。

　"ブルゴーニュワインはそこが魅力なんです" という予定調和的な終わり方はしたくないし、そこで少し無理やりに引っ張り出した答えとして "画家や作曲家に用いられるように、造り手が天才なのかもしれない" というかなり強引な解釈が私なりに

納得している結論なんですね。

　あまり論理的な説明でないことは理解しつつ言いますが、生産者にしてみると毎日努力してベストを尽くしてブドウを育て、自分の納得するワインを目指しながら、そこには世界中の人に知られ、世界中のワイン好きが飲みたいと願うワインを造り続けなければならない使命感や責任感が押し寄せ、そして最も大事な部分である"造り手としての資質"が絶えず問われます。最近は「恵まれたテロワールに加えての造り手の才能、これには勿論努力も含まれます。これがブルゴーニュワインのおいしい秘密だと思います」とお答えすることが多いです。これには、そんなにおいしいワインや素晴らしい造り手が急に増えることはないんだ、という意味も含んでいます。

産地訪問では、畑で実際に細かく訊きます。
造り手の人柄がワインに表われます。

食の楽しみ

　おいしいワインのあるところにはおいしい食べ物がある！というのがフランスの楽しいところです。その中でもパリから

電車ですぐに行くことができ、世界のワインファン垂涎の畑が並ぶブルゴーニュ地区は行く価値のあるところです。少し勝手な意見ですが、ディジョン（Dijon）でT.G.V.（フランス国鉄の高速鉄道）を降りるのではなく、少し頑張ってその先のボーヌまで行ってみることをお薦めします。

ディジョンの町はわりと都会で、産地として有名なおいしいマスタードもレストランもあり、いろいろと見るところも多いのですが、なんといっても畑や土を感じることのできるのはボーヌです。そしてここは世界中から「ワインと料理を楽しむぞっ」という固い決意（？）を持った観光客だらけなので、良い意味でのゆるいバカンスな空気が流れていて、とてもリラックスできること間違いありません。それに比べるとディジョンは都会であり、パリに似た少し冷たい印象を受けることもあります。

電車を降りて「きたぞーブルゴーニュ！」と畑に向かって叫びたいところなのですが、畑やワイン・オークションの会場として有名なオスピス・ド・ボーヌ（Hospices de Beaune）まではそこからは少し離れています（移動にはタクシーを使った方が楽です）。

ハムとパセリがたっぷりと入った"ジャンボン・ペルシエ（Jambon Persillé）"や、とてもよく知られている牛肉の赤ワイン煮込み"ブッフ・ブルギニョン（Bœuf Bourguignon）"、もしあればカタツムリをガーリックとパセリやハーブで和えたバターを詰めて焼き上げた"エスカルゴ（Escargots à la Bourguignonne）"！　赤ワインで煮たポーチドエッグを薄切りのガーリックトーストの上に乗せフルフルと崩して食べる"ウフ・アン・

ムーレット（Œuf en Meurette）"など目白押しです、さらには細かく厳しい飼育規定が課せられている産地名称のついた"ブレスの鶏"をローストしたものなども嚙み締めるごとの味わいが感じられ、おいしくて頬が緩みます。

そしてチーズ（フロマージュ〔Fromage〕）の中でもウォッシュタイプのエポワスやラミ・デュ・シャンベルタン（L'Ami du Chambertin）などがあります。一般的には匂いが強くてくせがあると嫌われることの多い外側の部分も、ちゃんと熟成した良い造り手のものに当たれば、あの匂いの個性的な部分ごと食べることもでき、納豆やくさやに似た感じのあるあの独特の部分に実は"甘みとさくさくした食感"が隠されていたことに気付くことと思います。

おいしいものがたくさんあるのはわかった、では実際どこに行ったら安心して食べることができるのか？

さて、これは問題です。現地のホテルの人に訊いてみたり、初日にはぐるぐると散歩してみて、地元の人っぽいゲストで混み合っている店を探してみるとか、"地道に探すしかない"というのが現実的なところです。

世界中から観光客が来ているということは裏を返せば、そんなに一生懸命にしなくても客は来るということです。そこがフランス的なのかもしれませんが、毎日毎日まじめに心を込めて作っているレストランばかりではないように感じることも多いのです。しかしその分おいしいレストランに巡り合った時の感動こそが旅というものですし、だめならだめなりに（結構多いんですよね）思い出には残るかな？　と鷹揚に考えるのもブルゴーニュでは必要です。

気を付けなければならないのはワインです。本場のボーヌやブルゴーニュで飲むワインは日本よりも高い値段が付いてしまっていることが多いので、逆に地酒的なものがお薦めです。名前を知らない造り手でも意識して古い村名ものを試してみるとか、ブルゴーニュ・パス・トゥー・グラン（Bourgogne Passe-Tout-Grains）というガメイとピノ・ノワールの混醸物を選ぶとか、価格を抑えて記憶に残るものを試してみるのが本場での楽しみではないでしょうか？

Colonne —⑩

ブルゴーニュ産地伝説

　ブルゴーニュの産地について一般的にはあまり多くは語られない噂についてまとめてみたいと思っています。名付けてブルゴーニュ"産地伝説"に迫る！

- **産地伝説 ① コルトン・シャルルマーニュ（Corton-Charlemagne）にはアリゴテも混ぜられている？**

　ワインを飲んでいくうちに気になってくるのが"モンラッシェ（Montrachet）とコルトン・シャルルマーニュはなぜあんなに違うのかな？"ということです。同じシャルドネでありながらクリーム系に進んでいくモンラッシェに対して、しっかりとした酸を伴い、引き締まった酒質を持ち続けるコルトン・シャルルマーニュ。どこからこれほどの違いが現れてくるのかと、気になっていろんな文献やらを調べてみたところ、"実はコルトン・シャルルマーニュには少し古木のアリゴテが植えられていて、それがあの酒質を形作っている"という説を発見したことがあります。その時は、なるほどと長年の疑問が少し軽くなったといいますか、少しブルゴーニュに近付いた気がしました。しかし、時は流れて実際にコルトン（Corton）の造り手のところに行った際に「実はアリゴテがポイントなんでしょう？」と訊いてみたところ「いいやそんな話は初めて聞いたなー、この辺りでアリゴテが植えられているのは見たことがないなー」とのお答えで、わかりかけていたものが崩れていくような感じを受けました。

- **産地伝説 ② 北と南で、シンメトリーになっている**

　コート・ドールの地図、すなわちコート・ド・ニュイとコート・ド・

ボーヌを真ん中くらいでぱたんと折って重ねるイメージを作ってみてください。

するとジュヴレ・シャンベルタンがサントネイ（Santenay）と重なり、ヴォーヌ・ロマネがシャサーニュ・モンラッシェ（Chassagne-Montrachet）やピュリニィ・モンラッシェ（Puligny-Montrachet）、ニュイ・サン・ジョルジュがコルトンというように、なんとなくイメージできたかとは思います。勿論細かいところを言い出すとニュイとボーヌとでは違うのは当たり前なのですが、これからブルゴーニュの勉強を始めようという人には、アペラシオン[※1]（Appellation）の大まかな酒質の個性や特徴などを覚えるにはわかりやすいのではないかと思われます。

実際にはジュヴレ・シャンベルタンのところの地層が深くもぐり、それが再び地上に出てくるのがサントネイの辺りで、同じ要素の土壌が見られるというのが正解らしいのです。

● 産地伝説 ③ ブルゴーニュワインには砂糖をいっぱい入れているから滑らかな味がする

これは単にシャプタリザシオン[※2]（〔Chaptalisation〕補糖）について少し違った解釈をしているためです。北の産地で天候に恵まれにくいブルゴーニュでは、造り手によっては法律で認められた範囲内で砂糖を発酵前に加えて少しアルコール分を助ける作業を行なう時があります。実際にはほとんどの造り手が行なっているという話もよく聞きます。あいつのところはスペシャルな砂糖を使っているなどという噂も……。

ただしこれはワイン産地においてはわりと知られていることで、砂糖添加によって甘くなるということはなく、逆に酵母がしっかりと食いきるために、アルコール分が上がり、そのために辛口になります。添加する砂糖が甘みや滑らかさを与えることは理論上はないそうなので、砂糖疑惑に

関してはあまり心配は無用です。

※1 アペラシオン：ワインを造るうえで、その生産地名を名乗ってよいとするための規定。品種や種類、そのほかに細かい規定がある。
※2 シャプタリザシオン：発酵前の果汁に糖分を加えて、アルコール分を上げる作業。加える量やタイミングに関しては細かい規定がある。甘くなるのではなく、酒質がしっかりとして複雑味が増すこともある。

ブドウ畑に行くと、ワインの持つ特徴が納得できるような気がしてきます。

2．ボルドーワイン

ボルドーを支える川

"ボルドー"というのは"水のほとり"というところから来ている言葉だそうで、その名のとおり、ドルドーニュ（Dordogne）川と、ガロンヌ（Garonne）川がちょうどボルドー市の辺りで合流して、そこからジロンド（Gironde）川と名前を変え大西洋に流れ込んでいきます。

このドルドーニュ川はフランスの中心部の中央山塊から流れ出ており、もう一条のガロンヌ川はスペインとの国境に聳え立つピレネー山脈をその水源にしているため、それぞれの山から流れ出てくる土壌構成や、その成分が大きく異なっていると言われています。それらの組み合わせが、さらに長い年月をかけて大西洋に流れ込むジロンド川の河口にまで運ばれ、その結果、現在のボルドーのワイン造りに大きく役立ってきている、ということなのです。

ドルドーニュ川沿いには、主にサン・テミリオンやポムロールと呼ばれる粘土質の土壌の産地が形成されており、水分を多く含み、ほかの土地に比べて少し温度が低いこの土地にはこの環境下でも栽培できるメルロという品種が主に植えられています。ボルドーでは一般的なカベルネ・ソーヴィニヨンを植えるには地温が低すぎるため、あまり育たないと言われています。

ガロンヌ川沿いでは"ソーテルヌ＆バルサック地区"など貴腐ブドウから造られる甘口ワインが有名です。この貴腐という現象はなかなかに曲者で、うまく環境が整えばおいしい結晶を生み出すものの、雨が降ったり、環境が整わないと、ただの"傷

んだブドウ"へと進んでしまいます。

　湾曲して流れも少し緩やかになっているガロンヌ川では、気温が下がり始める9月中旬頃から霧が発生しやすい環境になります。早朝はすっぽりと霧に覆われブドウに水分が付きますが、おおまかに朝の10時30分頃からは朝日が照り始め、風も吹き出して余分な水分を飛ばすなど、これらの自然環境が貴腐菌というカビの活動をコントロールして、人間にとって素晴らしい結果を生み出しています。

　川がワイン産地に与える影響はとても大きく、世界中の産地は川を基本に生成されてきたと言っても過言ではありません。それらの土壌環境に加えて、様々な気象条件や、植えられたワイン用のブドウとの組み合わせにより、土地の個性が発揮されたワインが造り出されています。

　昔からボルドーでは「川の見渡せるなだらかな斜面ではおいしいワインができる」と言われてきました。葦の生い茂った湿地であったこの土地を埋め立て、排水を考え、少しずつ少しずつ世界的なワイン産地にしていったのは紛れもなく人の力なのですが、それとうまくバランスの取れた自然環境がボルドーの個性を際立たせています。

　有名・無名なボルドーのワインを飲みながら、このワインはどこの場所で造られたものなのかを考えていくと、ボルドーワインが今までより身近に感じられるようになるかもしれません。

ボルドーワインの格付け

　ボルドーでは土地ではなく、ワインそのものが格付けされているため、畑の面積に変化があったり（買い足したりまた少な

くなったり)、所有者が変わったり(相続や販売)という外的変化によって評価が変わることがあります。

ただしボルドーでは"ノブレス・オブリージュ"と一般的に言われるように、"自家の名前、名誉を汚さない、名声に対する責任感"といった規律が造り手の意識の中にしっかりと守られているため、自然と品質は守られているようなところもあります。

メドック地区では1855年に61シャトーが格付けされており、ソーテルヌ&バルサック地区も同年に格付けされています。グラーヴ(Graves)地区では1953年、1959年に格付けが行なわれています。サン・テミリオンでも1955年に格付けが行なわれており、ここは10年毎に毎回シャトーの格付けを見直すため、古いままではなく時代に即しているという面を表わしています。

ボルドーの造り手とのディナーの後で。ごちそうさまでした。

ボルドーの思い出

・サン・テミリオンの夜はとても寒い

　テイスティングの仕事でボルドーに行った際、サン・テミリオンの街の中心地にあるレストランのテラスで、各国のソムリ

エ連中とブラインド大会みたいな感じで、盛り上がりました。食事のスタートが夜9時頃なので、食べて飲んでがたがたする椅子に腰掛けて、「香りだ」「味わいだ」とやっていると、だんだんと気温が低くなってきて、終いには「寒っ！」とジャケットの上からも冷たい空気が入ってくる感じになりました。10月などの話ではなく、8月の初旬の話です。

「これがブドウの酸を守るんだな～」と、悠長に感じている間もなく、フランスの寒さは体に染み込んでくるというか、震えだすと止まりません。もはやブラインドで品種を探るというよりも、「明日もいろいろあるので、風邪を引かないように早く帰らないと！」みたいな気持ちになってきて、落ち着かないテイスティングになってしまいました。その時点で11時30分ぐらいを過ぎていました。

　サン・テミリオンの夏の屋外のテラスでの食事はとても素敵なのですが、上に羽織るものは必携です。その日の夕方が暑くても是非この本を思い出していただいて、だまされたつもりで1枚上着を着ましょう。

・セカンドワインが充実してきている

　セカンドワインというと、以前は「収穫量が多いから造りました」とか「植えられて間もない若樹からのワインなので、やや軽く飲みやすく、これが結果としてシャトーものの全体の品質を守っています」みたいな説明が一般的でした。しかし、2000年頃からいくつかのシャトーでは造りを変えているようです。そんなに長い間熟成させなくても、若いうちからクラシックなボルドーのニュアンスが楽しめるものが増え、格付けものと呼ばれる上級のキュヴェに関しては"申し訳ないけど、少し

置いてから飲んでください、だって私たちはボルドーワインなんだから！"というある意味割り切った方向性が見えてきたように感じられるのです。

　90年代にアメリカの有名なワインライターが点数によるランキングで一世を風靡して以来、ボルドーはその中に見事取り込まれてしまいました。その結果としてそのワインライター好みの造り、すなわち、①しっかりしていてこくがあり、②それでいて若いうちから飲むことができる、というワインが高得点をもらえてしまうので、ボルドー全体のワインが似てきてしまっているとの批判も受けるようになりました。

　これではいけないのではないか、長い目で見た場合にこれまで培ってきたボルドーのアイデンティティーを取り戻さなければ、と考え始め、そこから実行に移されてきたのがここ何年かではないかと私は感じているのです。2002年などの軽めの年はともかくとして、2004年のセカンドワインなどは、クラシックなボルドーが持っていた細かい渋みのあるカベルネの個性や、樽が強すぎない余韻の心地良さなど、わかりやすく表現されてきていると思います。

　長い年月の間に少しずつ少しずつ、時代やモードの影響を受けながらも、結果として良い方向に慎重に進んでいくというところが、ボルドーの伝統の凄みなのかもしれません。

3．シャンパーニュ

　ここ何年か、シャンパーニュの人気が高く輸入量も増えています。私の店でもまずアペリティフ（Apéritif）にシャンパーニュ

を注文される方がほとんどで、多い時には1日に5〜6本くらいボトルが空いてしまうこともあるくらいです。ワインや料理関係の雑誌だけでなく女性誌などでも紹介されることが多くなりました。様々な種類のメゾン（この地方では大手のメーカーはメゾンと呼ばれます）が取り上げられ、個人の造り手である"レコルタン・マニピュラン（Récoltant-Manipulant）"というタイプを好むゲストも多くなり、なんかレベルがすごく高くなってきたなーと……。そして、シャンパーニュという飲み物がどんどんと身近なものになってきた感じがします。

シャンパーニュはフランスの北部の限られた産地で、瓶内2次発酵によって造られた発泡ワインにのみ使用が許された名称で、フランスのほかの産地と同様か、それ以上に細かい規定があります。さらにひとつのメゾンや造り手が様々なタイプのシャンパーニュを造ります。すなわち辛口から"ドゥミ・セック（Demi-Sec）"と呼ばれる味に心地良い果実の甘みが残るタイプ、まったく甘みを加えない辛口、ロゼ、ヴィンテージと呼ばれる収穫年を表示したものなどなどとても数が多く、それらをいろいろと飲み比べたりと楽しみは尽きません。

温度によっても味は大きく変わりますし、グラスの形状なども香りや味わいに大きな変化を与えます。シャンパーニュの味わいにも実はメゾンごとにいろいろなタイプがあり、きりきりに冷やしておいしいものから温度を高めに持っていっても味わいのバランスが保たれるもの、すっきり爽やかフレッシュ系からどっしりと重みがあって安定感もありその辺の料理では太刀打ちできないほどの存在感を出し続けるものまで、とても多くのタイプが存在します。個人的には爽やかなそれでいて細かい

ニュアンスが続いていくタイプが好きなのですが、ゲストの中にはとにかく熟成タイプがいいんだという方から、ロゼが好きでたまらないという方もおられたりと、飲み手側も様々です。

　それぞれのメゾンの最高峰のシャンパーニュは"プレスティージュ"と呼ばれます。これらのいわば高級タイプ（品質は勿論値段も）はできるだけ高めの温度を狙って、ゆっくりと少し大きめのグラスで飲むことをお薦めします。泡が抜けてしまうのではと心配される方も多いのですが、瓶の中でかなりの時間をかけて熟成させてあるのでそんなにすぐにはなくなりませんからご安心ください。時間が経つにつれて、香りや味わいに滑らかさが出てきますし、飲み始めてからボトルの肩の辺りまで減ったくらいから本領発揮といいますか、開けてすぐに飲んだ印象とはかなり変わって飲み疲れない泡立ちに変化していくように感じています。これが昔から言われている「シャンパーニュは2〜3杯目くらいからがおいしい」ということではないかと思います。

　ロゼ・シャンパーニュはできれば最初は冷たく、後はあんまり冷やさずに飲み進んでいくと、だんだんと黒ブドウを思わせる細かい渋みや香りが出てきます。ピノ・ノワール、ピノ・ムニエ（Pinot Meunier）、そしてシャルドネというブドウを混醸して造っているロゼは世界中でここだけのものです。せっかくのブレンドの妙を楽しむためにも、ここはぎりぎりまで温度を上げて（寒い時期なら20℃くらいまでOK）、このロゼがどう変わっていくのかを見るというのも新しい楽しみ方だと思います。冷たいまま飲み続けるだけではない楽しみ方をお試しください。

4．アルザスワイン

3つ星レストランでの研修

　世界コンクールの準備を兼ねて、昔から憧れていたアルザスの3つ星のレストランに研修に入りました。実際には1週間だけの短い期間での研修を"有力なボルドーのネゴシアンの方からの紹介"という形でお願いしたにもかかわらず、規則を守るアルザス（？）らしくわりと細かい書類のやり取りがありました。なんとか許可が下りた時には、久しぶりのフランスでの仕事になるということと、フランスにいた頃は3つ星レストランでの経験がなかったので、年甲斐もなくわくわくしたことを覚えています。

　研修初日は、なんとワールドカップサッカーの決勝の日。シェフ・ソムリエをはじめスタッフから「明日からにした方がいいんじゃないの？」「サッカーに興味ないの？」といった感じで迎えられ、少し拍子抜けはしたものの、あまり満席よりは少しぐらい余裕があった方がいいかなと、その日から現場に立ちました。

　コンクールを控えてのサービス実技の準備を本場の空気の中で感じ取りたい、ということは勿論、マクシヴァンも2000年に開店して以来、かなり"佐藤色"に染まりすぎたきらいも無きにしも非ずなので、「ここで、ほかの店の様子も感じたい」という気持ちも強いものでした。

　実際にはそんなにぴりぴりした空気はないのですが、満席になると120名くらいは入ってしまうので、ひとりひとりの作業のスピードが速く、自分の判断でどんどん進めていきます。長

く勤めている従業員も多く、店の雰囲気や毎日の仕事の流れというものが完全にわかっているので、見ていて無駄がありません。パリではあまり感じられない親切な接客はとても気持ちが良く、さすがに歴史の重みというものが存在していました。ドイツに近いためか国境を越えて車で来ているゲストも多く、ワインの追加を聞きにいくと、「残念ながら車なんだよ」と言われることもあり「そうか、それでもふたりで1本は飲むのね」と驚いたりもしました。

研修3日目の昼はそんなに混んでいなかったので「せっかくなので実際に食事をしたい。それに合わせてワインをブラインドで試したい」という希望を伝え、昔から読んでいた辻静雄さん[※1]の本の記憶をたどりながら食事を選び、ソムリエが持ってきてくれるワインに挑戦します。

"世界大会の日本の代表"ということはわかっているので、どのレベルで来るのかなと思っていましたら、まず発泡酒系が4種類さっと置かれて「Bonne Chance（ボン シャンス）（頑張って）」の言葉。さあどんなモンだろうと考え始めたのが、2分くらい。ソムリエはもうテーブルに戻ってきたかと思うと「どう？　わかった？」と一言。いやー、速いはやい！　そうかこのくらいで判断していくべきなのかと、少し日本での仕事で緩くなっていた自分を感じるとともに、世界ってこれくらいなんだなと、改めて感じることができました。

その後は白4種類、赤合計8種類、甘口4種類、食後酒を4種類（！）と品種、国、産地を変えて出してくれて、店内の注目をかなり集めていました。

この店のソムリエは、みんな緩やかに親切に働いているけれ

ども、やはりワインになると目の色が変わるし本気が出てきます。「やはり自分の仕事である分野に関しては、ここまでやっていいんだ。ここまで必要なんだ」と本場、伝統の持つ厚みを感じ、良い刺激になりました。

世界コンクール前にスタージュ（(Stage)研修）に入りました。

おいしさの秘密

アルザスは地図で見るとフランスの右端（東）に、縦長に位置します。ドイツとは隣り合っているため、歴史的にも国境が変更された時代もあり、『最後の授業』という名作にも書かれた土地柄です（先生が黒板に向かって最後に書き込んだ"フランス万歳！"には泣けましたね！）。

現在のアルザスは、あまり日本には知られていないことなのですが、青く澄み切った空にはコウノトリが群れて舞い、年中深い雪に覆われています。そしてこの気候と、空から落ちてくるコウノトリのフンがおいしいワイン用のブドウを育てるのです（ちょっと嘘です）。

私たちが抱くイメージとして、アルザス地方はアルプスに近いので、一年中涼しいような印象を受けてしまうのですが、実はフランスの中でも夏場はかなり暑くなります。というのも、

ドイツからやってくる湿気を含んだ風はアルザスの背中に当たるヴォージュ山脈のドイツ側に雨を降らし、乾いた風がそのまま山に沿ってアルザス側に流れ込んでくるからです。最近では、地球温暖化の影響がこの地方にも押し寄せ、さらに夏場の気温の上昇に拍車がかかっているようです。

　私事ですが、以前アルザスに研修に行った夏のある日に、こぢんまりとしたリクヴィルのレストランで、テラス席に腰掛けてアルザスビールを飲みながら"若鶏のリースリング煮込み"を食べていたことがあります。「なぜか今日はテラスが空いているなー」と、食べ始めたのですが、だんだんと日射しが強くなり、地面に敷かれた石に反射してくる強い日射しからは逃げようがありません。その日は38℃くらいまで温度が上がったらしく、実際に体感する温度は40℃くらいの感じでした。だんだん意識が朦朧としてきて、そのあと木陰で1時間くらいうわごとをつぶやきながら過ごすことになりました……。

　さて、おいしいワインを生む秘密なのですが、アルザスには代表的な品種が4種類あります。リースリング、ミュスカ（Muscat）、ピノ・グリ（Pinot Gris）、ゲヴュルツトラミネル（Gewurztraminer）が、アルザスワインの名声を支えている4品種であり、51か所にのみ認められているアルザス・グラン・クリュの主要品種です（最近ではこの4品種に加えて、場所は限定されますがシルヴァネール〔Sylvaner〕も認められています）。そのほかにも赤ワインを造るピノ・ノワールや、クレマン・ダルザス（Crémant d'Alsace）という瓶内2次発酵の発泡酒を造るためのシャルドネ、人懐っこい味わいの飲みやすいピノ・ブラン（Pinot Blanc）など、様々な品種が植えられています。

さらにこの地方のワインの名声を高めているタイプに、代表的な4品種を使って造られる"遅摘みワイン"と"貴腐ワイン"の2種類があります。"遅摘み"とはその名のとおり、一般的な収穫の時期から少し遅らせて、ブドウの完熟度合いといいますか、甘みを増してからやっと収穫。そのことによりワインにこくと力強さ、造り手によってはまろやかな甘みなどが付与されます。

　"貴腐"とは、貴腐菌がついて、干しブドウ状態になったブドウを粒選りでひとつひとつ摘んで、収穫していきます。1回雨に降られてしまうとブドウが傷んでしまって収穫できなくなるという少しギャンブル的な気候を読みながら、1年の集大成である収穫の日程を立てなければならないのです。そのために量は減り、価格も一般的なアルザスワインに比べるとかなり"お高く"はなってしまうのですが、さすがにその価格に見合うだけの楽しみや喜びを与えてくれることに間違いはないでしょう。

※1　辻静雄：1933年〜1993年。料理学校の創設者であり、日本にしっかりとしたフランス料理の基礎を伝えた人物。出版物も多く、多くの料理人、サービスマンに影響を与えた。

5．マデイラワイン

　ポルトガルのマデイラ島（Madeira）を訪ねたのはもう10年以上も前になります。朝早くにパリに着く便から乗り換えて、マデイラに向かったことを覚えています。

　ここは酒精強化ワイン[※1]＝マデイラワインで有名なだけではなく、観光地としても、またリタイヤした方たちの保養地と

しても有名です。世界各国からのんびりしに来ているおじいちゃんとおばあちゃんがたくさんいて、ディナータイムのレストランではバンドがカーペンターズを演奏している中（勿論「イエスタディ・ワンス・モア」は必須です）、あまり会話のない高齢の老夫婦がもそもそ食べているなど、島中がゆっくりとしたリズムに満ちていました。

　そんな中、同行したソムリエふたりと合計3人で車で送り迎えをしてもらいました。3人ともかなり身長もあって大柄なのですが、マデイラワインインスティテュート（現・I.V.B.A.M.）の車がなにげにミニサイズで、どう体をすぼめ合ってもしっかりと密着することになり、しかも切り立った断崖絶壁のマデイラ島のつづら折りの細い道をかなりのスピードで駆け上がっていきます。このメンバーでここからは落ちたくないナと、そんな不遜なことを考えている中、なんとか島の上部の建物に無事に着きました（実は切り立った崖沿いの道はかなり細いため、これくらいの小型車でないと上がりにくいことは後で判明しました。最初見た時はなんでこんなに小さいので来るんやろ、ほかに車はないんかいなと呆れてました）……。

　実際に貯蔵してある倉庫や熟成の状態などを見学し、ポートワインは横に寝かせて熟成させるのに対して、マデイラは立てたままで熟成させることや、樽の上部が蠟で完全にふさがれ、さらにその倉庫に入るには管理団体でもあるインスティテュートの鍵も必要という徹底ぶりで、熟成年数に関しての不正がないように管理されていることなどが確認できました。

　そんな中「マデイラワインは抜栓してからどれぐらい保つのでしょう？」という質問に対して、インスティテュートの責任

者からは「9年ぐらいは大丈夫」とのお言葉。「あれ質問の意味が違って伝わったかな？」とか、「9か月と聞き間違えたかな？」と思って確認してみても「9年ぐらいは大丈夫です！」と、揺らぐことのないお言葉が返ってきたのです。マデイラワインの場合はほかのワインとは異なり、熱や酸化の影響を受けてから瓶詰めされているので、抜栓してからの変化は少なく、そこがマデイラワインの魅力なのです、と力説されました。

　提供温度についても訊いてみると、「一般的には16℃前後で飲んでほしい」とのことでした。私自身は"一般的には"という答え方が少し気になったので、「個人的にはお好みの温度帯はどれくらいなのですか？」という質問をすると、「やっぱり常温に近いくらいの、18～20℃になった辺りの高めの温度が私自身の好みだね」とのお答え。勿論、外気温や季節による湿度との関係もあるので一概には言えませんが、私自身も辛口に近い味わいのタイプのマデイラはあまり冷やさない常温の方が、味わいのより細かいニュアンスを表現しやすいのではないのかなと思っていました。一般的に言われている18℃よりも高めな自分の好みに対して少し懐疑的な解釈も持っていたのですが、まあそんなに間違ってはいなかったのかなと、少し安心しました。しかし、甘口のタイプのマデイラはやはり冷やした方がおいしく感じやすいと思います。

※1　酒精強化ワイン：アルコールを加えて発酵を止め、品質の安定と残糖による甘みを残した造り方。発酵途中で加えるか、または発酵終了後に加えるかで呼び名が変わることもある。

6. ヴァン・ジョーヌ（黄色いワイン）

　ワインに興味のある方であれば、耳にしたことがあるかもしれませんが、フランスのジュラ（Jura）地方では"ヴァン・ジョーヌ（Vin Jaune）"と呼ばれる独特のワインが造られています。

　ジュラ地方と言って、すぐに場所がわかる方はまだまだ少ないのではないでしょうか？　スイスとの国境にほど近い山間部にあり、恐竜の化石が見つかった地質時代はこの地にあるジュラ山脈にちなんでジュラ紀と名付けられています。また、低温殺菌や蚕の病気についての研究を重ねたパストゥールが、幼年時代を過ごした地としても知られています。そのせいではないのでしょうが、黄色いワイン＝ヴァン・ジョーヌ自体、かなりほかのワインとは異なった造り方がなされています。

　まず品種が限られていて、サヴァニャン（〔Savagnin〕ナチュレ〔Naturé〕とも地元では呼ばれています）という品種のみが使用を認められています。この品種を収穫して発酵させるまではほかの白ワイン造りと変わるところはないのですが、ここからガラッと製法が変わります。

　発酵後、木樽に入れて最低6年の熟成をさせることが義務付けられているのですが、一般のワインでは基本的に行なわれ、また重要視されている滓引きの作業と目減り分の補充が禁止されているのです。

　ワインは木樽に入れられている間に、じわじわと滓が溜まります。滓引きの作業というのは木樽からいったん液汁を外に出して、底に溜まった滓をかき出し、もう一度木樽に詰め直す作業です。この際、ワインは外気に触れることで酸化が進められ

ます。熟成の過程において大きな影響を受けることで、色調の安定や香りの生成、発展などが行なわれるのですが、滓引きが行なわれないということは、これらの効果が生まれず木樽に入ったまま還元的な変化（閉じたままの）のみが行なわれていくことになります。

さらに目減りした部分の補充を行なわないためにワインの液面が下がり、木樽の上部に空間ができてしまいます。一般的なワイン造りにおいては、この空間があることで好まれない発酵が始まってしまうため、絶えず目減りした分を神経質に補充していくのですが、ジュラではこれを逆手に取り産膜酵母[※1]による独自の発酵をさせていくのです。

産膜酵母が液面を覆うため、クルミのような、ヘイゼルナッツのような、ほかの産地のワインではなかなかに見つけることができないほどの香ばしい香りが生まれ、口に含むとゆったりとしたアタックに始まり、続いて酸の控えめな、とろっとした余韻が長く続きます。

ジュラでは、この黄色いワインで煮込んだおいしい地鶏の料理が有名です。特に気温が下がってきて涼しくなってきた頃の山の茸を地鶏のおなかに詰めて、じっくりとローストします。香りと味の染み込んだ肉質に合わせて、このクルミの香りのするヴァン・ジョーヌをあまり冷やしすぎない温度で口に含むと、少し湿気を帯びた山の夕暮れにも似た味わいが広がり、ヨーロッパの深い森をイメージする食卓が生まれるでしょう。造り手や、生産年により提供温度や味わい、香りの個性などは大きく違いますが、できるだけ冷やさずに飲んだ方がよりおいしさがわかりやすいのではと思います。そういう意味からも夏場で

はなく寒い季節に向いているワインであるとも言えます。

※1 産膜酵母：樽やタンク内の液面に発生し、季節により厚い層を造る酵母。これにより独特の個性が加えられる。スペイン・アンダルシア地方のシェリーで知られる。

7．世界のワイン

ドイツ

　いまだに、「ドイツの白ワイン＝甘いんでしょう？」と言われることが多くあります。私自身がドイツワインを店で出すために意識して選んでいるのは、甘みがあったとしてもそれだけではなく、そこに酸味がしっかりと感じられるタイプです。香りには、やや甘みを予想させるものの、実際に口に含んでみると細かい酸味が口の中を支配して後味はさっぱりと感じることができる味わいのものを一生懸命探しています。

　昔は、といっても15年くらい前までは、日本では白ワインが人気で赤ワインがあまり売れませんでした。「赤ワインの渋みは日本では受け入れられない、難しい」という噂（？）も流れ、「赤ワインをいかに薦めるべきか」とインポーターや酒販店さんなどと一緒に真剣になって考えていた時代もありました。「赤ワインが売れてこそ本当のワイン文化が根付いたことになる」と言う人もいて「ふーんそうなのか」と若かりし頃の私は思っていたものです。

　現在ではまさに反対になってしまい、赤ワイン好きが大半を占めるので、今度は白をいかに薦めるかということが言われるようになりました。なんとかは巡るってことなのかもしれません。

さて、ドイツの産地の中でもモーゼル（Mosel）の持つ細かくきらきらと口の中で弾けていくような酸味もおいしいですし、フランケンの"シルヴァネール（シルヴァーナー〔Silvaner〕）"のミネラル感や少し硬い印象の味わいもおいしいです。もちろん世界に誇るリースリングを生み出すラインガウも忘れるわけにはいきません。バーデン（Baden）では広い栽培面積のおかげで、かなり多種の品種から様々なタイプのワインが造られており、ワイン伝統国ならではの層の厚い生産者の多さも魅力的です。

オーストリア
　オーストリアと聞くと"ウイーン"をイメージされる方が多いためなのか、店でお薦めする際でも「オーストリア産です」と言うと、それだけで好印象を持たれるゲストが多いように思います。
　"グリュナー・ヴェルトリナー"というオーストリアが得意とする品種を用いたミネラル感のある柑橘系の味わいの白ワインを店では選んでいます。
　ほかにも"ゲミシュター・サッツ（Gemischter Satz）"と呼ばれるこの国独特の造り方で混植されているブドウは熟す時期が違うため、本来であれば品種ごとに収穫することが一般的ですが、ここではほとんど同時期に植えられている品種を一度に収穫することにより、熟している品種からは充分な糖分やまろやかな香りを、そしてまだ完熟に至っていない品種からは柑橘系や青みを思わせる香りと酸味が得られます。これらを一緒に混ぜて醸造することで、ほかでは得られない独特の個性が生ま

れるのです。

　もともとは"ホイリゲ"と呼ばれる気軽なお店で、ごくごくと飲んで楽しいワインという位置付けでした。最近では品種ごとに収穫して個性を考えたうえでブレンドしており、そのために良い収穫年のものはアルコール度数が高めのものができてきました。

　赤ワイン用の品種はピノ・ノワールで、オーストリアではやわらかい酸を残して造られています。それ以外にも、細かい酸味が心地よい、ピノ・ノワールにも似た酒質の"ザンクト・ラウレント（Sankt Laurent）"という品種もこの国ではポピュラーです。ハムやパテ、ローストした鶏肉の料理などの軽めのお皿に合わせて、テラスでゆっくりと楽しむようなワインも豊富です。

イタリア

　イタリア半島は南北に長く、どの州でもワインが造られている"ワイン造りを約束された土地"であるということは世界中に広く知られています。

　アルプスの麓、晩秋の霧に包まれたワイン畑の並ぶピエモンテ（Piemonte）州。熟したネッビオーロ（Nebbiolo）からは、長熟が可能なバローロやバルバレスコが産み出されます。大都市ミラノを擁するロンバルディーア（Lombardia）州では瓶内2次発酵を経て泡が生み出される"フランチャコルタ（Franciacorta）"という発泡酒がシャンパーニュに勝るとも劣らない品質と飲みやすい味わいで大変高い人気を誇っていますし、キアンティ（Chianti）やブルネッロ・ディ・モンタルチーノを生み出すトスカーナ（Toscana）州、ここでは…と述べていくと1冊の

本になってしまうような、ワイン好きにはたまらない産地が続々と現れます。地方の個性があふれた料理にこれらのワインを合わせて楽しむと、「ああイタリアっていいなー」としみじみ感じることができるでしょう。

　ただしあまりにも種類が多く、ワインの名称もかなり個性的なものが多いので、最初は自分に合ったワインを見つけにくいかもしれません。あれこれと片っ端から飲んでみるのも楽しいですが、最初は D.O.C.（統制原産地呼称）もしくは D.O.C.G.[※1]（統制保証原産地呼称）といった法律で定められた産地と品種とのセットに注目して飲んでいくと、イタリアワインの楽しみにより早く気付くことができると思います。そこからさらに興味がわくようであれば、イタリアは個性的なその地方独自の品種も大事にしている国なので、よりディープな個性あるワインを求めてのイタリアワイン紀行が楽しめるようになるでしょう。

「フランスワインとイタリアワインの大きな違いとはなんでしょうか？」とはよく訊かれる質問です。もちろん品種も違えば環境も違うのですが、お隣の国同士でありながら、国民性というか個性の違いがかなりわかりやすく現れているように感じています。

　フランスワインを飲み慣れた方が、かなりしっかりとしたアルコールのヴォリューム感があるイタリアワインを飲むと、口に含むとすぐに感じられる香りや味わいの強さがわかりやすく、最初はびっくりされるかもしれません。反対に、イタリアワインをしばらく飲み続けてその香りや味わい、余韻の構成に慣れてしまうと、いざフランスワインに戻った際に昔よりも大人しく控えめに感じられることになると思います。

この辺りが、常に料理との相性をイメージさせる、ある意味にぎやかさが楽しく、一口目のインパクトが重要な意味を持つ構成のイタリアワインと、料理がなくてもおいしく感じられ、飲み終わってからの"香りや味わいの思い出の余韻"が素晴らしいフランスワインとの違いではないかなと思っています。

スペイン

　世界最大のブドウ栽培面積を誇るだけに、広い国土の大半でワインが製造されています。

　赤ワイン用にはテンプラニーリョをベースに用いることが多く、地方ごとに特色のあるワインがこの品種から造り出されています。特に最近では"スーパー・スパニッシュ"と呼ばれる高濃縮タイプ（あくまでもイメージです）のインパクトのあるタイプが国際市場で高評価を得て、人気が高くなってきています。もともと乾燥していて、樹齢の高い環境が整っていたという好条件が生産を可能にしているのですが、私としてはやはりリオハでゆっくりと造られるゆったりとした滑らかさが特徴の熟成タイプのものも、外すわけにはいきません。

　マクシヴァンでは熟成したやわらかいタイプを好まれるゲストも多いので、そのたびに長期熟成したブルゴーニュの銘醸物を開けていたのでは、在庫的にも支払い的にも双方になかなかに大変なことになります。そんな時、リオハの熟成タイプであれば香りと味わいもしっかりと楽しむことができ、さらにほかの国に比べてのヴァリュー感がかなりあります。ここがスペインワインの良いところではと思っています。

ポルトガル

　ほかの国に比べると少しおとなしい印象を受ける酒質が印象的なワイン造りに加えて、ポルトガルは世界中にファンの多いポートワインとマデイラという酒精強化ワインの製造で知られています。世界3大酒精強化ワインのうちの2つを有するためなのか、日本ではワイン自体についての認識はそんなに高くはないように感じられるのが残念なところです。

　15〜20年くらい前まではマテウス・ロゼ（Mateus Rosé）やダン（Dão）という産地の赤ワインなどが人気がありましたが、最近ではあまり見かけなくなってきています。しかし、実際に現地ではおいしいワインがたくさん、もう1回繰り返して書きたくなるくらい安くておいしいワインが"たくさん"あります。

　ドウロ川の河口近くの店で、シーフードの盛り合わせや魚介類に合わせて、フレッシュでおいしい白ワインの"ヴィーニョ・ヴェルデ（Vinho Verde）"を飲むのはこたえられない喜びです。緑色のワインと呼ばれるだけあって、柑橘系のやわらかい酸味がおいしく、ついついごくごくと飲みたくなるタイプです。

　EUの国の中では微妙に価格が安いのも特徴です。赤ワインに関しても、カラフに入れられた軽めの赤を選んでも「この価格でこんなにおいしいの⁉」と言いたくなるくらいバランスが良いものが多いです。

　生ハムやムール貝のフリットなどのつまみ系から、仔羊や若鶏などを炭火で焼き上げたシンプルなグリルなどの肉料理にも合わせやすく、グラスに注いでちびりちびりと飲みつつ、ぼーっとテラスの外の景色を眺めながら時間を過ごすのは、ポルトガルならではの楽しみのひとつです。

ギリシャ

ブドウ栽培や醸造に関しての発祥の地とされるギリシャ。ワイン造りのためのブドウの種類が多いことでも知られ、地方ごとに特色のあるワインが造り出されています。

ギリシャと聞くとなんといっても松脂入りのワインで知られている"レッチーナ(Retsina)"を思い出す方が多いと思います。現地では王冠で留めたような瓶入りのタイプも多く販売されています。私自身、日本で昔飲んだ際には、まあこんなもんだろうなという印象で、そんなに夢中になるほどの印象は受けませんでしたが、海岸沿いの観光客用のタベルナ（食堂）のテラスで海風を浴びながら、魚のフライや、羊の肉で作った香辛料の効いたミートボールなどを頬張りながら冷えたレッチーナをグラスに注いで飲むと、そんなに松脂っぽさは強調されることはなく「これはこれでいいのかもしれない」と感じました。

ここ何年かでギリシャのワイン事情もかなり変わってきています。一言で言うと"世界に目を向けたワイン造りが動き出している"という印象を受けます。ギリシャ独自の品種や味わいを意識しており、国内需要というよりも海外輸出に目を向けた仕上がりが感じられます。

またギリシャではマスカット（Muscat）から造られた甘口ワインにも優れたものがあります。残念なことにまだ日本ではあちこちで試すことができる環境にはなっていませんが、もし機会があれば試す価値のあるワインです。

南アフリカ

ワールドカップサッカーも行なわれ、改めて注目されている

産地です。

　白ワイン品種としては、この国では"スティーン"と呼ばれているシュナン・ブランやコロンバール（Colombard）という品種によって、重すぎず飲みやすいワインが多く造られています（コロンバールからはブランデーも生産されています）。また最近ではソーヴィニヨン・ブランやシャルドネが人気で、栽培面積が増加してきています。

　赤ワイン用ブドウとしてはカベルネ・ソーヴィニヨンやシラーなどが人気です。この国独自の品種として知られているピノ・ノワールとサンソー（Cinsaut）との交配による"ピノタージュ（Pinotage）"は最近減少傾向にありましたが、ここに来てほかの黒ブドウ品種との混醸により南アフリカでしか造り出せないワインを造る可能性が求められ、減少傾向が緩やかになってきました。

「改めて注目されている産地です」と書いたのには理由があります。実は南アフリカは17世紀に世界に名を知られた"ヴァン・ド・コンスタンス（Vin de Constance）"を生み出し、甘口ワインの最高峰として人気を誇ったからなのです。

　アパルトヘイト廃止運動が始まった1991年頃から輸出量も拡大し、世界に目を向けた活動も目覚しくなってきています。サンドイッチや、ハンバーグなどの軽めのお昼ご飯に合わせて、少し冷やし気味にした軽いタイプのピノタージュはいかがでしょう？

オーストラリア

　安定した品質に加えて価格的にも親しみやすいタイプが多い

ので、普段の家で楽しむ"家飲み用"のワインとして人気のある産地ですが、それだけではなく高品質のワイン造りも成果を上げてきています。

白ワイン用品種としてはシャルドネやセミヨン（Sémillon）、ソーヴィニヨン・ブランやリースリングなどが多く栽培されています。少し前まではたっぷりとしたヴォリューム感があり、樽が効いていてキャラメル的な甘みやヴァニラの香りをイメージさせる滑らかなシャルドネがオーストラリア的な個性としてひとつの時代を築きました。最近ではあまり重すぎることがなく、細かい酸味を後味に残すタイプも多く造られるようになってきています。

ただ、私が店で多く選んでいるのは、どちらかというとオーストラリアならではのしっかりとした体格の良いタイプのものです。「今日はしっかりとした白を飲みたい」というゲストからの依頼に対して自信を持って薦めることのできるような、余韻の部分のまとまりが良い酒質のものを揃えるようにしています。

赤ワイン用の品種としてはやはり筆頭に挙がるのがシラーズで、カベルネ・ソーヴィニヨン、メルロと続きます。赤ワインも白と同様に、ほかの国では出すことのできない（得られることの難しいほどの）色調の濃い、しっかりとしたアルコールのヴォリューム感があるタイプを選んでいます。グラスに注ぐと濃縮感のある黒みを帯びた濃いガーネット色で、香りには特にシラーズならではの"パストラミハム"のような燻製の香りと、黒胡椒を砕いてまぶしつけたような食欲をそそる味わいがはっきり現れているタイプを選んでいます。

オーストラリアはもともとはポートタイプの甘口ワインの生

産も盛んでしたので、ヴィンテージ入りのオーストラリア産のポートワインタイプにも高品質なものがあります。

ニュージーランド

少し前までは「ふーん、ニュージーランドでもワインって造っているんだね」くらいの印象でしたが、歴史的に新しい品種の活躍＝品質向上が目覚しくなってきています。

例としてよく言われるのが、ソーヴィニヨン・ブランが植えられた年のことです。ニュージーランドでは1973年から栽培が始まりましたが、ほかの伝統国に比べても見劣りすることのない品質の向上ぶりは目を見張るばかりです。これには目的意識の高い小規模な家族経営的な生産者が多い、という現状が良い方向に影響を及ぼしているのかもしれません。

白ワイン用品種としては、すっきりとしたニュージーランドらしさが評判のソーヴィニヨン・ブランの人気が高く、その後にシャルドネ。そして最近特に新しい可能性が期待されているピノ・グリやリースリングといったアルザス系の品種が多く植えられてきています。

赤ワイン用品種としては涼しい気候によく合っているピノ・ノワールや、最近ではメルロの人気も高まってきています。

ワインに対して、「樽からの渋みや苦みなどの要素が強いと苦手」とか「味わいが重すぎるワインは飲むと疲れてしまう」と感じられている方は是非ニュージーランドのワインを試してみてください。ブドウ本来のやさしい香りと、飲みやすい味わいのおかげで、疲れた時にもやさしく体に染み込んでいくことでしょう。

チリ

日本のワインブームの立役者と言ってもいいくらい、チリワインの日本デビューは鮮烈でした。最初は「チリでもワインって造ってるんだね」ぐらいの印象でしかなかったのに、どんどん存在感を増しました。価格帯が控えめでありながらしっかりとした味わいがあり、全体的なバランスも取れていたので、「2,000〜3,000円以内でおいしいワインはどれだ！」みたいな雑誌の企画でもほとんど毎回「チリ・カベ（カベルネ・ソーヴィニヨンのことです）！ チリ・シャル（シャルドネですね）‼」と選ばれていました。その理由は、ワインは高級品だとか、一部の人が飲むものだといったそれまでの認識を大きく変えて、おいしくてしかも安いという、ある意味ワインの基本的な要素を兼ね備えていたからです。

あれからはや幾年。ほかの国も競ってその辺りの価格帯を目指して輸出向けのワインを造り出してきたため、最近は以前ほどのインパクトは薄れてしまいました。その代わり、「チリワインは価格も手頃であまりはずれないよね」という印象となり、さらにポピュラーになってきた感があります。

そんなチリワインにはもうひとつ得意な分野があります。それは高価格帯のワインです。

高価格帯のワインというとちょっと無責任な説明なのですが、最初から輸出市場を考え、低収量で高品質のワインを生み出す力がチリのワインにはあります。お隣に大きなアメリカ市場があり、そこに向けての輸出の実績を積んできています。しっかりした味わい、ヴォリューム感のある構成、品種の特性とチリの土壌や醸造技術の高さとがうまく組み合わさっている

ので、クオリティーの高さから言うと、価格との比較で世界的に見てもかなりお得な感じさえあります。

チリのこのレンジのワインは、できれば2〜3年待った方がよりおいしく感じられます。最初は香りや味わい、アルコールのヴォリューム感などの強さが前面に出ますが、時間の経過とともに細かいニュアンスも表現しだします。デカンタージュなど移し替えをして大きめのグラスに注ぐと、伝統国のワインに負けない奥行きが現れます。ある意味"費用対効果の高いワイン"だと言えます。

アルゼンチン

チリのお隣に位置するためなのか、「結局は南米のワインだしそんなに大きな違いはあるまい（BGMは「コンドルは飛んでいく」）」と一緒くたにされてしまいがちなのですが、しっかりと違いがあります。

輸出に力を入れていて、しっかりしたヴォリューム感を持つ"味わい重め"のイメージのチリワインと比較すると、国民全体がたくさんワインを飲むアルゼンチンのワインは、やわらかい酒質の飲みやすいワインとして知られています（少し細かく言うと、チリはその場所からも海洋性気候の影響を受けますし、アルゼンチンは大陸性の気候が支配します）。

赤ワイン用品種としてのマルベック（Malbec）はボルドーを故郷に持つ品種ですが、アルゼンチンの気候にうまくマッチし、フランス産のマルベックとは異なり、しっかりとしていながら苦味が強すぎず、余韻にかけての滑らかな味わいのタンニンがこの国ならではの個性として高い評価を得るようになってきま

した。

　白ワイン用では"トロンテス（Torrontes）"が有名で、ワインにした場合に熟した白いモモの香りのする滑らかな品種が人気です。乾いた気候とアンデスからの雪解け水を利用したオーガニックな栽培も広がりを見せ、高すぎない価格帯ともあいまって人気が出てきています。

アメリカ〜カリフォルニア・オレゴン・ワシントン〜
　一昔前までは、カリフォルニア州のワインというのはオーストラリアのワインの持つ特徴に少し似ていると言われていました。たっぷりしたヴォリューム感と、甘みを伴ったしっかりした味わい。それを支えながら後味にかけてわかりやすい、樽からのヴァニラのニュアンスといった、わりと画一的な個性と思われていました。しかし、ここ10年ほどで、それとは異なった繊細さや、やわらかさ、飲みやすいアルコール度数の高さを備えたワインも多く登場してきました。

　ナパ（Napa）、ソノマ（Sonoma）と大まかに分けられていた時代から進み、より細かい産地分けによる品種との適正を見極めた"個性的なワイン"の生産が盛んになってきています。

　北隣のオレゴン州では涼しい気候と土壌構成によりピノ・ノワールが成功を収め、変わらぬ人気とそれに支えられた小規模の生産者が自信を持って育てていますし、白品種としてのピノ・グリや涼しい気候を好むアルザス系の品種によるワイン造りの成功も期待されています。

　ワシントン州でも、目覚しいばかりのブドウ畑の栽培面積の増加と、メルロやカベルネ・ソーヴィニヨンを用いたボルドー

的な特徴を備えたワイン造りが活発に行なわれてきましたが、世界的なシラー種への人気に後押しされ、最近ではこの品種もポピュラーになりつつあります。

日本

「梅雨と台風がある日本でのブドウ栽培は難しいんじゃないかな？」とは、昔から言われ続けてきたことです。すでに長い伝統があり、何世紀にもわたって結果を経験してきているヨーロッパをはじめとする伝統国のワイン造りとは異なり、日本ではおいしいワインを造るためにはブドウに何を求めるべきなのか、そしてそのためにできること、やるべきことは何かを考えながら醸造の面でも試行錯誤しながら進んできました。その結果、喜ばしいことに近年では素直においしいと言えるワインが増え、自然と国産ワインのファンが増え、最近では人気のあるワインは入手困難になってしまうという現象も見られるほどになってきています。

　山梨を中心に日本独自の個性を持つ甲州種（Koshu）やマスカット・ベリーＡ（Muscat Bailey A）などの品種から造られる良さが見直され、長野では産地と結びついたメルロや、シャルドネの評価が高くなってきました。実は日本では北は北海道から、南は九州まで幅広くワインが造られていて品種や個性が異なり、幅広いワインが生産されてきています。

「日本のワインは世界的に見てどうなのか？」と訊かれることが多いのですが、米を食べる文化や鍋料理などを含む日本ならではの食生活や、アルコール分解量の少ない日本人の体質に合ったワインが増えてきているように私は感じています。

私のところに来てくれる海外のソムリエたちも、何を飲みたいか訊くとやはり「日本のおいしいワインを紹介してほしい。個性的なワイン、また日本固有の品種を飲ませてほしい」と言われます。そのためにも自信を持って日本のワインの個性を紹介できるように、私自身も探していきたいと思っています。

そのほかの国々
　カナダではその気候を生かした（かなり寒いし…）凍ったブドウを軽く圧搾して造られるアイスワインがおいしく、最高のデザート・ワインとして人気があります。
　レバノンやイスラエルでも個性的な品種や、世界的に人気の高い品種を使ったワイン造りが盛んです。ブルガリアのカベルネ・ソーヴィニョンやメルロはその伸びやかな味わいと強すぎないアルコールのヴォリューム感が日本での食事にもよく合います。
　日本ではそんなに知られてはいないのですが、アルジェリアやモロッコ産の少しスパイシーでこくのあるタイプもおいしいですし、ルーマニアではコトナリ（Cotnari）という甘口ワインのやさしい味わいはデザートや暑い日の食前酒としても最適です。
　などと書いていくときりがないほど、ワインは世界中で造られて楽しまれているのだなと再確認できます。もし手に取る機会に恵まれたり、現地に行かれることがあればいろいろ試してみてください。

※1　D.O.C.、D.O.C.G.：原産地呼称法として定められた格付け（主にイタリアで整備されている）。2008年よりEU加盟国共通の表示が制定されたのに伴い、段階的に変わりつつある。

Colonne —⑪

甘口ワインについて

　寒い季節には、甘口ワインをお薦めすることも多くなります。"甘口ワイン"というと、甘くて甘くてべたべた、みたいな印象を受ける方もいらっしゃるので、私の店などでは少し言い方を変えて"デザート・ワイン"と言っています。蜂蜜や水あめはそんなに量は飲むことができませんが、甘口と呼ばれるデザート・ワインには甘みと引き合うだけのしっかりとした酸味があるので、このために飲み続けることができるのです。

　それでは、このような甘口タイプのワインはどのように造られているのでしょうか？

① 一般的な甘口ワイン

　完熟した甘いブドウを使用します。発酵の過程で酵母の働きによって糖分はアルコールとガスに変換されます。ただし、ある程度のアルコール度数に達すると、アルコールの働きにより酵母の活動が止まります。そこで残った糖分（残糖）によって甘口ワインができるのです。（二酸化硫黄の添加やその他の方法で発酵を止めて糖分を残すこともあります）。

② 貴腐ブドウを使用する造り方

　貴腐、これは自然界の神秘のような働きです。ブドウの皮に菌が付くことで、ブドウからは水分が失われ糖分が凝縮されます。ただしこの場合、気候条件などもうまく作用しないと、全部カビにやられてしまうこともあります。

　貴腐ブドウの生産で有名な場所として、フランスのボルドーにあるソーテルヌ＆バルサック地区や、ハンガリーのトカイといった場所が挙げられ

ます。特にソーテルヌ&バルサック地区では、朝方は川面からの水蒸気がブドウの表面をやさしく湿らせ、ここに貴腐菌が付きます。10時頃には朝日が強く射し込み出し、風も海から吹いてくるため、今度は先ほど付いた湿り気を乾燥に変えていくのです。このため、カビの菌が繁殖しすぎることなく、水分を少しずつ抜きながら、ブドウの実はどんどんと甘みが増していくのです。

③ アルコールの添加による残糖を残す造り方

ブドウの果汁は、そのままにしておくと酵母が果汁の糖分を時間をかけて食べてしまいますので、放っておくと基本的には甘みは残りません。そこで、ある程度発酵が進んだところで、もしくはまったく発酵が始まらないうちにアルコールを添加して酵母の働きを止めてしまいます。これによって甘みを残すわけです。この造り方には、ポートワインやマデイラも含みます(結果としてはアルコール度数は一般のワインより高くなります)。

●

甘口のワインの良いところは冷蔵庫などでとても日保ちがすることです。気分で氷を入れてきりっと飲んでも良いですし、たまのお休みのお昼など、ゆっくり甘口ワインをお気に入りのグラスに注いでというのも素敵です。フランスなどでは食前に軽めの甘口で始めるといった楽しみ方も多く見られます。あまりこってりとしすぎていない甘口を冷たくして飲むと、今までには経験したことのないリラックス感というものが出るかもしれません。

最近では消費の傾向として、あまりに濃くて甘みがたっぷりというタイプから、酸がしっかりと感じられ飲み疲れない甘口のタイプも多くなってきました。たまには甘口のワインも楽しんでみると、思ったよりもおいしい味わいに驚かれ、癖になっていくのではないか、と思います。

第7章

もっとお酒を楽しむ

第7章　もっとお酒を楽しむ

1．ビールの季節

　夏は、ビールの出番です。
　とは言うものの、私自身は年がら年中ビールを飲んでいますし、特に最近は軽い方が好みに合うので発泡酒と分類されている銘柄のものが多くなっています。
　個人的には夏場以外は、あまり"きんきん"に冷やして飲まないので、春先や秋口に駅の売店などで「あまり冷えていないビールはありますか？」と訊くと、とても不審な感じで「えっ！」とか言われてしまうこともあるのですが、めげずに頼んでいます。
　パリの街角のカフェなどではとりあえずビールではないのですが、小さな椅子に腰掛けて、ゆっくりと疲れを取るような感じでビールを片手に30分ぐらい"ぼーっ"と景色を眺めながら過ごしたりできたのですが、日本の街中では少し気分転換にビールを飲もうと思える場所があまりありません。かといって"缶ビールを持って公園でうれしそうに飲む！"というのも私の仕事の内容上どう思われるか？　みたいなこともあります。"お蕎麦屋さんで飲む"というのも「今日はお休みですか？」と訊かれたりなかなかに難しいところです。希望としては落ち着いた感じのテラスで、ゆっくりと飲めるところがあればうれしいのですが、今度はタバコの煙が気になるなど、場所探しの旅は続いています。
　日本でビールといえば、仕事を終えて"ごくごくぷはーっ"という感じですが、フランスのカフェでは、あまりのどを鳴らして飲む人は見かけません。一口ずつ少しずつ口に含むという感じで、「あんな飲み方でおいしいのかなー？」と、あくまで日

本古来の"ごくごく式"を支持していました。軽いタイプはごくごく式でも良いのですが、ベルギーの修道院で昔から造られてきている少し"こく"のある"トラピスト"と呼ばれるタイプや、ドイツビールで味わいに重みのあるタイプを楽しむ場合には、あまり冷やさず、さらにゆっくりと一口ずつ、考えごとをしながら飲むのも悪くはないなと、最近年のせいなのか感じるようになりました。

　レストランなどで、まずは軽いアタックのホワイトビールを冷たくして、その後のお皿に合わせて、少し色の濃い、味わいがしっかりと感じられるタイプに切り替える、というように、食事に合わせてビールの種類を選ぶなどの可能性もあります。国や造り方でこんなに違いがあって、いろいろなタイプがあるんだということに気付くことができます。

　私の店でも理想としては何種類かのタイプを温度帯を変えて管理して提供したいとのアイデアはあるのですが、いかんせんワインやほかの食材との冷蔵庫のスペースの取り合いが激しく、種類が置けません。そんな中でもベルギーの飲みやすいタイプのヒューガルデン・ホワイト（Hoegaarden witbier-bière blanche）と、少し色調が濃く余韻も長いイギリスのバス・ペール・エール（Bass Pale Ale）の2種類を置いておくことで、なんとかビールの主張をお伝えできればと思っています。

　夏には、やはり食事の最初にビールを一口、そこで少し落ち着いて食事をしましょう！　というのは、ある意味日本の伝統みたいなところもあります。そこで、その後の料理やワインにつながる種類の提案をするというのが飲食店のビールの可能性ではないかと思っています。

2．コニャックは小ぶりのグラスで

「私は小さなグラスで飲むのが好きなんです」といきなりですが、コニャックについてです。

コニャックというと、"なんとなくフランスで造られているブランデー"というイメージがあると思いますが、フランスで普通に造られるブランデーはフレンチブランデーと呼ばれ、実はコニャックとは別の分け方をされています。三銃士で有名なガスコーニュ地方にはアルマニャックという蒸留酒があったり、ブルゴーニュにはマール（Marc）があったり、ノルマンディーの海沿い一帯にはカルヴァドスもあったりと、フランス全土にわたり様々な蒸留酒が存在しています。

世界に先駆けて原産地の名称についての法律を制定したフランスにおいて、コニャックもワインと同様に産地や許可されているブドウ品種、蒸留の方法に至るまでが細かく規定されています。

ここで少しややこしいのですが、コニャックをよりご理解いただくために細かい説明を入れさせてください。

フランスでは正式な名称として蒸留酒は大きく3つに分けられています。蒸留酒自体はオー・ド・ヴィーと呼ばれます。

①オー・ド・ヴィー・ド・ヴァン（Eaux-de-vie de Vin）：ブドウから造られたワインを蒸留したタイプ。

②オー・ド・ヴィー・ド・マール（Eaux-de-vie de Marc）：ワイン造りの際の搾った後のブドウをもう一度搾って（搾汁）蒸留する。

③オー・ド・ヴィー・ド・フリュイ（Eaux-de-vie de Frui

ts）：ブドウとリンゴ以外の果実を用いて蒸留したタイプ。原料に用いた果実の名前を付ける場合もあり、木イチゴであればオー・ド・ヴィー・ド・フランボワーズ（Eaux-de-vie de Framboise）、洋ナシを用いた場合の名称は、オー・ド・ヴィー・ド・ポワール・ウイリアム（Eaux-de-vie de Poire Williams）。

　コニャックはこの最初のグループに組み込まれており、さらにボルドーの少し上に位置するコニャック地方で造られた蒸留酒のみがコニャックと名乗る権利を持ちます。勿論ブドウの品種も決められていますし、単式蒸留器を用いて２回蒸留しなければならないなど、厳しく決められた内容をクリアーしたものだけがコニャックと名乗ることを許されるのです。

　さらにそのブドウがどのような土壌から造られたものかによって、造られるコニャックそれぞれに特徴が現れます。土壌全体が石灰岩質なので、繊細な酸味がコニャックの香りと味わいを上品に感じさせる（グランド・シャンパーニュ〔Grande Champagne〕と呼ばれます）とか、少し粘土質が多い土地なので力強さが出て熟成に向く（ファン・ボワ〔Fins Bois〕と呼ばれ、ここで造られたコニャックは熟成が早いためブレンドに向いています）など６つの区画に分けられ、ブレンドされることでより個性が深められていくのです。

　どうも昔からコニャックというと、傍らの地球儀を見ながら世界征服を考える悪役がいて、片手には大きなブランデーグラス、もう片手にはペルシャ猫…みたいなイメージがあるためなのか（かなり偏ってはいますね。勿論白いガウンも着ています）、ぐるぐると大きなグラスを回して香りを立たせないとコニャックじゃないみたいに言われることもあるのですが、実際にはそ

こまでしなくても香りは十分に開きます。あまり低温で飲み始めない限りは、そんなに大きくないグラスで静かに、できれば少しは意識的に時間をかけて飲んだ方が良いでしょう。ぐるぐるするよりも無理に開かせた要素が少なく、より自然な香りと、飲みやすさが素直に現れてくると思います。

　しっかりと辛口のシングルモルトウイスキーも勿論おいしいのですが、やはりコニャックの持つ、味わいの最後に残るやさしい甘みはとてもリラックスできます。「あまりデザートは食べないんだ」という方もデザートの代わりに少し消化を助ける意味からも小さめのグラスで氷を入れずに飲んでみてください（この場合には、常温でというよりは赤ワインくらいの温度設定で飲まれることをお薦めします。常温ではアルコールが少し強く感じられてしまうかもしれません）。

　ルイ・ロワイエ（Louis Royer）という造り手の32年間ひとつの樽の中に入れたまま熟成させたコニャック"シングル・カスク・ボトリング（〔Single Cask Bottling〕限定品・未輸入）"のグランド・シャンパーニュをテイスティングしたことがあるのですが、"グラスに注がれてすぐ"の出だしは思ったよりも地味で控えめです。「ふーん、わりとおとなしいものなんだな」と少し拍子抜けした感じでしたが、控えめなのは出だしだけで、香りや味わいが時間とともに盛り上がり、饒舌になり、木樽から得た要素によるものなのか、マホガニーの木質を思わせる味わいの滑らかさや、ブドウの甘みなどがゆっくりと口中に残り、なかなか消えません。なるほど、これでは急いでは飲めないなと、つまり自然とゆっくり味わうようになっているんだなと納得させてくれる個性でした。

私自身はコニャックの持つ滑らかなのど越しを感じて楽しみたいので、一般的に手に入りやすいコニャックの場合は、赤ワインの温度くらいに少し冷やして（14〜18℃）、小ぶりのリキュール用のグラス（この大きさには少しこだわってます）に入れて味わいます。温度がゆっくりと上がっていく際に出てくる個性を楽しむために、口に含んで（アルコール度数が高い割には、高品質のコニャックは刺激をあまり感じることはありません）5〜6秒くらい入れてためてから、おもむろに飲み込み、のどの奥からふわっと上がってくる果実の香りを楽しむ、これが私の好きな飲み方です。

小ぶりのグラスを使う利点は氷を入れない場合でも温度が上がりにくいことです。

3. テキーラのおいしい飲み方

　"テキーラ（Tequila）"と言うと、なぜか乾いた風や少し田舎くさいロバを連れたおじさん!?　といった、今まで見た映画のシーンの影響か、勝手なメキシコのイメージがすぐ頭に沸き起こってしまいます。"ソンブレロ"でしたっけ？　大きな帽子を頭にかぶって飲まなきゃ！　みたいな固定観念があったんですね。

　カウンターで注文したテキーラを一気に飲んでひっくり返るお約束のシーンで何回見ても笑ってしまう、スティーヴ・マーティン出演の名作（？）『サボテン・ブラザーズ』。死んでしまっ

た友人の埋葬のためにメキシコへの国境を越える"疲れた目の下のくまが渋い"トミー・リー・ジョーンズ出演の『メルキアデス・エストラーダの3度の埋葬』、なぜかみんな吸血鬼というある意味メキシコの田舎の怖さを教えてくれる（？）クエンティン・タランティーノ脚本の『フロム・ダスク・ティル・ドーン』、ラテンの渋み満開の拳銃無頼者アントニオ・バンデラス出演の『デスペラード』などと、どうしてもメキシコのテキーラって私の勝手な思い込みで、乾いた風からくる少ししょっぱいイメージが付きまとっていたのです。

実はひとくくりにテキーラといっても製造法に細かい規定が定められているのはほかの飲料と同様です。ここでは、少しソムリエ的に説明をしてみましょう。

原料はリュウゼツラン（竜舌蘭 アガベ〔Agave〕）と呼ばれるアロエにも似た植物で、その根っこというか、芯の部分を使います。サボテンから造られていると思っている人の多いことに驚きますが、実際にはサボテンではありません。

このリュウゼツランから造られる蒸留酒はメキシコでは総称として"メスカル（Mezcal）"と呼ばれています。その中でもアガベ・アスール・テキラーナ（〔Agave azul tequilana weber〕ブルー・アガベ〔Blue agave〕）という種類のものから造られるメスカルのみテキーラと名乗ることができ、シンプルに透明な味わいを楽しむ"ホワイト"と呼ばれるタイプ、樽を用いて熟成させたタイプなどと、メーカーによって味わいが様々に異なります。

有名な飲み方は、小ぶりの分厚めのグラスにテキーラを注ぎ、静かにソーダを流し入れ、手のひらでグラスを押さえてこぼれ

ないようにカウンターに打ち付け、一気に飲み干す"テキーラ・フラッペ"です。この飲み方には無色透明の若々しいタイプが向いています。そのほかには、樽熟成させたゴールド・テキーラと呼ばれるものや長期熟成の"アニェホ（Añejo）"と呼ばれるものはじっくりとストレートで飲むに耐える個性や味わいを兼ね備えています。

独特なテキーラのボトルの形です。

　無色透明なホワイトのタイプのフラッペとは別の飲み方として、手の甲に付けた塩を舐め"ライムをひとかじり"してから飲むというやり方が正式なんだと伝えられ、そのように飲んできた方が多いのではないでしょうか。実はこの順番が違っていたことが、テキーラの消費量が日本で伸びないポイントだったのです（少し大げさではありますが）。

　正しい飲み方の順番は、まずテキーラをぐっと飲み、のどが"かっ"となったところで手の甲に乗せておいた塩を舐め、そしてライムを最後にひとかじりするのです。するとどうでしょう、テキーラだけではどうしても残りがちだった、少し洗練されているとは言いがたい後味が、塩と最後の柑橘類の酸味によっておいしいテキーラベースのカクテルを飲んだ後味に感じられるようになってくるのです。

　実はこれはテレビで現地のテキーラを紹介する番組を見てい

たら、「うちらはみんなちっせー時からこうやって飲んでんだよ」みたいなおじさん（これも勝手なイメージではあります！）が、この順番で飲んでいるのを見たんですね。何か今までテキーラにそんなに夢中になることはないだろうなーと思っていたのを撤回し、この順番ならついつい飲んでしまうかも！　と認識が変わりました。

　世の中、まだまだいろいろと知らないこと、思い込んでいることが多いなーと感じさせてくれた飲み物になりました。

4．カルヴァドスの魅力

　最近はモルトが人気になってきたり、焼酎(しょうちゅう)は相変わらずたくさん飲まれていたりと、いろいろとブームも移り変わりながら、飲料の世界というのは進んでいます。ところが、こんなにおいしく、種類もあるのになぜかあまり語られることのない蒸留酒がカルヴァドスです。

　まあ、確かに「カルヴァドスを飲みにいこうぜっ」ていうのも少しキザ（!?）な感じがしますし、「カルバじゃなきゃ困るんだっ！」てわけでもないだろうとは思います。実際に飲み慣れてくるとこんなにおいしいものなんだって認識できるのですが、なぜか日本でカルヴァドスっていうと①食後に恭しく、②大きなグラスに少し出されて、③いったいいくら金額を取られるのかわからない謎の酒！　みたいな世界です。もっと日常的に飲まれることによって、そこのところのイメージが変わってくるのかもしれません。

　カルヴァドスというと、フランスはノルマンディー地方を中

心に造られるリンゴのお酒でしょ！　というイメージが強く、そのことから完全に食後に楽しむものという捉え方をしている方が多いように思います。カルヴァドスの知識について少し細かく説明をすると、基本的には48種類のリンゴと数種類の洋ナシが使用許可されており、単式蒸留器による2回の蒸留によって造られます。法律で定められた産地としてカルヴァドス、カルヴァドス・ドンフロンテ（Calvados Domfrontais）、カルヴァドス・デュ・ペイ・ドージュ（Calvados du Pays d'Auge）の3つがあります。

　実際にはアルコール度数はウイスキーやその他の蒸留酒同様40度くらいはありますが、リンゴと洋ナシを原料にしているためなのかやわらかく香りも豊かで、ロックで割ると、氷が溶けていくにつれて、やわらかい香りが立ってきます。味わいも樽が出すぎず、滑らかで、少しリンゴの皮を思わせるような細かい渋みも徐々に口中に広がってきます。また暑い時期にはジンジャーエールやソーダで割ってもとてもおいしい飲み物になるのです。

　さらに、その個性を発揮するのが食後の楽しみです。

　やわらかいタイプをゆっくりとストレートで楽しんでも良いのですが、暑い時期には少し氷を入れると味が引き締まり、自然の状態では作り出すことのできない、かすかな甘みがありながら少し乾いたニュアンス（リンゴの皮を少し干して乾かしたような）も付加され理想形としてのリンゴが表現されてきます。

　私自身の好みなのですが、コニャックと同様に少し小ぶりのグラスを選び（鼻から直接にアルコールを感じすぎないようにするため）、小さめの氷を入れゆっくりと自然に溶けていくよう

に任せます。この時間をかけて溶かすという作業がカルヴァドスのおいしさをより引き出します。

おいしいチョコレート（最近ではショコラと言わないと!?）と合わせる時には、ショコラをゆっくりと口の中で噛まずに溶かし、溶けきった辺りで、冷たく冷えたカルバをゆっくりと流し込みます。

あまり重すぎない葉巻と合わせるには、個人的にはレイデルムンドのシュワスプリーム、シガリロ[※1]の中では最近おいしいホセ・L・ピエドラ（Jose L.Piedra）などだと、これはなんといっても大人ならではの楽しみなのではと思えます。

暑い時や食前には冷たくして、またはジンジャーエールなどで割って楽しみ、食後にはその楽しみに合わせていろいろとおいしく飲むことのできるカルヴァドス。文章中にもたびたび出てきたようにゆっくり、じっくり、といった飲み方がカルヴァドスを楽しむには肝心なのかもしれません。まずは1本手に入れてみて冷蔵庫でしっかり冷やし、そこから様々な飲み方を試してみてはいかがでしょう？

※1　シガリロ：葉巻の中でも細巻きのもの。短時間で葉巻のあまり強すぎないエッセンスを感じたいときに。

5．世界で最も有名なリキュール、シャルトリューズ

フランス版の『ラルース酒事典』という洋酒事典を紐解いてみますと、"シャルトリューズ（Chartreuse）、世界で最も有名なリキュール"と書いてあるのですが、皆様はご存じでしたでしょうか？　130種類にも及ぶ植物原料を用い、いまだに修

道院主体の秘密の方法で造られているというところもそそられる、奥深い山の中で造られて世界に送り出されているシャルトリューズについてです。

　シャルトリューズというのはこのリキュールを製造しているシャルトリューズ修道院の名前から来ています。製法の歴史は諸説ありますが、1600年代初頭から造られており、1730年代中頃まで門外不出のまま製造が続けられていました。その後フランス大革命や、様々な歴史に翻弄されながら、現在はイゼール県のヴォワロンというところで製造を行なっています。

　造られているシャルトリューズにはいろいろなタイプがあります。見た目の色合いで大きく分けられており、ヴェール（Vert・緑・55度）、ジョーヌ（Jaune・黄・40度）があります。さらに、長期熟成させたV.E.P.があり（緑が54度、黄が42度）、そしてエリクシル・ヴェジェタル（〔Elixir Végétal〕植物の妙薬・霊薬）と呼ばれるアルコール度数71度のものまで様々なタイプがあります。

　シャルトリューズの秘密の製法のほんの一部として伝えられているのは、まずこの奥深い山の中から様々なハーブや薬草を摘み、蒸留やブレンドを行ない、そこにさらにスパイス類などを加え（様々な工程が並行され、とても複雑らしい…です）、最終的にはハンガリーやロシア産の大樽に入れられ最低3年間熟成されます。V.E.P.と呼ばれる長期熟成タイプは8年もの熟成を経てやっと商品化されるのです。この辺りのこだわりの造り方は、さすが修道院が管理しているだけのことはあります。時の流れが緩やかで、品質への追究が緩むことはありません。

　日本においては、食事の後にゆっくりと楽しむ食後酒として

の位置付けが一般的です。"ジョーヌ"や"ヴェール"のアルコール度数や味わいの違いを意識的に捉えて、今日はお肉をしっかり食べたから少しアルコール強めの"ヴェール"にしてすっきりしたいとか、デザートを食べる代わりに"ジョーヌ"の40度の甘みを伴った味わいで消化を助けるために飲むなど、楽しまれています。なんてったってアルコール度数自体40度から55度くらいあるので食前では少しきつく感じてしまうかもしれません。

　私がフランスに行った際にいろいろと買い付けに行く酒屋さんがパリに何軒かあります。この中の1軒にヴィンテージのシャルトリューズをコレクションしている酒屋があり、もう10年以上も前にここで購入したのが、スペインで製造されたという特別なキュヴェでした。これは一般に出回っているシャルトリューズとは"口の中での盛り上がり感"がまったく異なります。よりスパイシーな香りと味わいで、黄色い色のジョーヌは飲み終えたグラスからは、カレーやシナモン、クローヴ（丁子）などの香りが20分以上も香り続け、緑色のヴェールはミントは勿論のこと、熟したスイカの外側の皮のようなアジア的な香りも感じられました。

　氷を入れてロックで飲むというスタイルが一般的なシャルトリューズですが、たまには何も加えずにとても小ぶりのグラスに常温で入れ、ゆっくりと舐めながら味わうという昔ながらの飲み方を試してみると、とんでもないほどの香りと味わいが少しずつ見え隠れしてくるんですね。

　そこを味わうのがリキュールの楽しみであり、忙しい日が続く現代人こそ、グラスに集中して、そこからのメッセージを受け取る態勢をとることが大切ではないのかと、私自身は感じて

います。

　そんなことを知らせてくれるのも、今でも遠く人里を離れ、外界との接触を絶っている修道院の秘伝製法で造られているシャルトリューズだからこそなのかもしれません。

気が付くとシャルトリューズも種類が増えてしまいました。

6．ウイスキーは自分の好みで

「シングルモルトの味わいが好き」「バーボンの甘みがおつまみとよく合う」などウイスキーといってもいろんな種類があります。ワインとは"ブドウを原料として、醸造した酒類"という決まりがあるのと同様に、ウイスキーというものは"基本的には穀物を原料として蒸留し、木樽熟成を加えたもの"という規定があります。

　有名であり一般の方がまず思い浮かべるスコッチウイスキーにはモルトウイスキー、グレーンウイスキー、そのふたつを混

ぜたブレンデッドウイスキーの3種類が存在します。また、生産される国名が先頭に付けられ、カナディアン、アイリッシュ、ジャパニーズなどと呼ばれるのがそれです（ちなみにバーボンはアメリカンウイスキーの中に分類されます）。

　レストランで食前にウイスキーをシングルでゆっくりと飲みながら、その日のメニューを決めていく、というスタイルはアルコールに強いヨーロッパではよく見かける光景ですが、日本ではどちらかというと食後に飲む方が多いです。モルトウイスキーはなるべく常温で飲むべきで、あまり水割りは良くないなどと言われることもありますが、それぞれのウイスキーの個性に合わせた楽しみ方をすれば良いのではと思います。

　シングルモルトの味わいをじっくりと染み込ませたい時には氷を加えてあまり薄くしたりせず、小ぶりのグラスに注ぎ、時間とともにいろいろと変化を見せてくれる香りを楽しんだりしながらじっくりと飲むと良いですね。お店側としてもストレートをお薦めするのであれば少し低めの温度設定で薄めずに出す工夫が必要だと思います。

　ブレンデッドウイスキーの場合には、あまり冷たすぎない水を加えて自分が飲みやすいアルコール度数に下げてみると良いでしょう。また、甘みとバランスの良さを楽しむ場合には氷を加えずに注ぎ入れるミネラルウォーターの個性にこだわったりと、自分自身の楽しむ方向性に気を配ることで、よりおいしさが引き出せる可能性がまだまだ残されているお酒だと思います。

7．バーボンが引き起こす現象⁉

　バーボンとは、一般的にアメリカンウイスキーのカテゴリーの中で、トウモロコシを原料全体の51％以上使用して、内部を焦がした樽の中での熟成が求められているウイスキーのことです。2年以上の時間をかけたものは"ストレートバーボン"という表現を使っていいことになっています。

　個人的には少し水を加えて、そこに小ぶりの氷を浮かべてちびちび飲むのが好きです。ただし問題点は、バーボンが意外に食べ物との相性が良いことです。シングルモルトなどを飲んでいる時は「今日も無事に1日が終わったな、さあ寝るか」となるのに対して、バーボンを飲んでいると「今日も無事に1日が終わったな。ところで何かあったっけ？」となぜか小腹が空いてきてしまい、気が付くと食べるものを求めて台所を探しているという状況になってしまうのです。

　"寝る前に食べるのはいけません"ということはWHO（世界保健機関）のご指導を仰がなくても、それはそれはよくわかっているのですが「ここで少し食べることで明日も頑張れるはず」などと、自分の子供には決して聞かせられないような根拠のもと"がさがさ"と探し始めます。

　さらに問題点としては焦がした樽から受け取っている後味の香ばしさが、甘いものにとてもよく合うことです。野菜サラダとか納豆にはあまり触手が伸びずに、甘いものに手が伸びます。普段はあまり食べないような餡(あん)がたっぷり入ったドラ焼きが今日に限ってテーブルに載っていたり、チョコレートをかじってみたり、さらには小豆アイスなどを冷凍庫から探し出しては、

ついつい口に運んでしまうのです。

　モルトやスコッチを飲むと、反省したり、これからの生き方についての哲学的な考えに至るような気がしますが、バーボンは隠れていた潜在的な何かを引き出してしまうのかもしれません（そんな大層な！）

8．ウオッカでカクテルを楽しむ

　ロシア生まれの蒸留酒であり、トウモロコシやジャガイモ、そのほかの穀物原料から造られるウオッカ（Vodka）。蒸留によって得られたスピリッツに加水することによってアルコール度数を下げ、さらに活性炭でろ過することで、透明感のあるピュアな味わいのアルコールに仕上がります。

　最近では香りをより強調したフレーバードウオッカと呼ばれる分野が人気で、カクテルのベースに用いられたりしています。大昔、横浜での修業時代にはウオッカ・マティーニ（Vodka Martini）の造り方に凝って、同僚と「よりドライで香りを立たせるには」などといろいろと試作をして、その結果として、帰りに自転車で壁に突っ込んだりもしていました。修業時代のフランスでは暑い夏の日の食前酒にブラッディ・マリー（Bloody Mary）を頼む人が意外に多く、またお好みもいろいろとあって、「セロリソルト（スパイスの1種）を効かせてほしい」とか「黒胡椒を別に上からかけたいから持ってきて」など、忙しい時にミスのないように確認して聞き直していたことを思い出します。

　ここのところ私自身はあまりウオッカを飲む機会はないのですが、ポーランドの草入りの"ズブロッカ（Żubrówka）"など

は夏の暑い日の食前に胃袋に染みわたる感じがしてなかなかに良いものです。それ以外にも、チューハイ気分ではないですが、薄く切ったレモンやライム、あればオレンジなどスライスした柑橘類をグラスに落とし、その香りをかすかに感じながらのウオッカ・ソーダなどを片手に、少しずつおつまみをつまみながらの会話を楽しむのも良いものです。

9．ジンをあえてストレートで

ジンはオランダ生まれの蒸留酒で、もともとは杜松の実（ジュニパーベリー〔Juniper Berry〕）を漬け込んでから蒸留し、一種の解熱薬として使用していた歴史があります。

現在では、トウモロコシ、大麦、ライ麦などを原料にしてグレーンスピリッツを造った後に、植物成分（ボタニカル）を加えてもう一度単式蒸留を行なうことで、繊細な香りや味わいの構成が造られています。

古い話で恐縮ですが、私の学生時代などは、ジャズ喫茶に行くと一番安くて一番早く酔えるので"ジン・ライム（Gin and Lime）"を頼んで、友人と佇みながらチック・コリアを聴いていたりしました。私が横浜で働いていた頃は（これまたかなり昔の話なのですが）フランク・シナトラが愛飲していたというタンカレー（〔Tanqueray〕イギリスのジン）を頼むと通だとか言ってロックで飲んでみたり、お店の冷凍庫で"きりきり"に凍る寸前までに冷やされたボンベイ・サファイア（〔Bombay Sapphire〕イギリスのジン）をショットグラスでアペリティフ代わりにのどに流し込んだりと、カクテルに使うことも多いジ

ンを、意外にストレートで楽しんでいた記憶があります。

　最近はアルコールもそんなに強くないので、食前に頼んだり、「マティーニをドライで」とつぶやいたり、ということも少なくなりました。陶製の器に入れられている熟成年数の長いまろやかさが際立ち"とろっとした余韻"がたまらないオランダのジュネバ（〔Jenever〕良い響きの単語ではありませんか！）や同じく陶器に入れられているドイツのシュタインヘーガー（Steinhäger）などを冷蔵庫に入れて冷やしておいて、食後に少し口にしたりして「消化を助けるからなー」とひとりつぶやいたりしています。

10. 海賊に愛されたラム

　子供の頃の愛読書であった"少年少女世界の文学"で読んだスティーヴンソンの『宝島』のイメージが残っているためなのか、"ラム"というと海賊が飲み干す荒々しいお酒といったかなり歪曲した印象でした。もちろん少し強い特徴を持ったものもありますが、そればかりではなく、日本に輸入されているラムには上品なタイプが多く存在しています。私自身もどちらかというと、熟成した落ち着いた味わいのものが好みです。フランスにいた頃は、フランス領のグアドループ（Guadeloupe）諸島産のラム・アグリコール（〔Rhum agricole〕農業生産ラム）を食後に薦めることも多くありました。熟成させたタイプの中では、アルマニャックやコニャックに比べると価格的にも飲みやすいということもあったと思うのですが、ゲストも楽しんで飲まれていた記憶があります。

ラムはサトウキビから砂糖を造る際に出る糖蜜を蒸留して造る一般的なタイプと、サトウキビの搾り汁を発酵・蒸留して造るもの（ラム・アグリコール）とがあります。

　フランスでは特に海外領土であるマルティニク（Martinique）島のものに対して、熟成規定を定めています。外観によって分けられ、色の透明なホワイトラムやゴールドラム、さらに色合いの濃いダークラムと呼ばれます。香りや味わいの特徴の点からは、飲みやすくカクテルの材料としても重宝されるライトラム、そのまま氷を入れても飲みやすいミディアムラム、そして海賊が好んで飲む（嘘です）ヘビーラムと分けられています。

　フランス領で造られたラム以外でも個性的でおいしいものはたくさんあります。特にソレラ・システム[※1]を使って熟成させたものなどは、上質のアルマニャックにも似た、落ち着いた湿った黒い土の香りと樽の個性がやさしく溶け合い、今までのラムの荒々しいイメージを変えてくれることでしょう。こういったタイプはグラスに注いでからじっくりと時間をかけて楽しみたいものです。

※1　ソレラ・システム：重ねた樽の上段から新しいものを加えて、一番下から製品として引き出す仕組み。これにより品質の安定が図られる。シェリーの造り方で知られるが、ほかの酒類でも行なわれている。

【巻末特別付録】

1．マクシヴァン流　ワイン専門用語講座

　長年同じ仕事をやっているとそれなりに自分のやり方、やりやすい方法論が出来てくると思いますが、毎日客席で説明や話をさせていただくソムリエも同様に"自分なりの個性ある言葉や表現"というものが出来てきます。
　"ここで少し笑いを取ろう"とやや受けを狙ったというよりも、"なんとか難しい専門用語を使わずにこのワインの今現在のコンディションをご理解いいただきたい"という殊勝な願いから発生しているものがほとんどです。ですので、ここで説明している単語や説明の文句は、あまりほかの店では聞くことはありません。ワインショップやレストランで「すりつぶした味わいで後味は"こなこな"、急斜面駆け上がり系の赤が欲しいんです。自分探し中のものは避けてください！」と言っていただいても、「ああ！　それでしたらこのワインがぴったりです」というように店の人が返してくれることはほとんどないと思いますが、私の今までの仕事の集大成（？）として参考までに、ご紹介してみたいと思います。

【にがにが・しぶしぶ・こなこな】

　いきなりの"ひらがな"攻撃です。これらの単語はブドウ品種からの個性に加えて、味わいには樽が効いていて、多少こなれてはきているものの苦味を現すタンニンの量が多く、口の中を支配する場合に使います。似た表現としては"冷めたエスプレッソコーヒー"、最近流行の"室温で溶けていくようなビターチョコレート"などがあります。3つの単語をセットではなく、単体で用いる場合もあります。
使用例）
"こなこな"した余韻の残るワインです。
"しぶしぶ"したアタックと"こなこな"した余韻の残るワインです（より強いワインに使用します）。

●

　まあしかし、この説明を聞くことで、ゲストが少しにっこりと顔がほころんでくれたらありがたいのですが、わりとまじめな顔のまま「そうか！　このワインこそが"しぶしぶ"で"こなこな"なのかっ！」とぽんっと手をたたかれてもちょっと伝わらなかった感があります。

【口の中をハンカチでふき取られたような後味】
　タンニン分というのは水分と結びついて、そのために乾いた印象を口の中に残すので、この乾きのある口の中の状態を表わしています。乾き具合がやわらかいと、"ティッシュやハンカチで口の中をふき取った"とも用います。
　より進んだ表現として、"ティッシュで口の中をふき取った後に、割り箸を縦に口にくわえてチュウチュウしたような"があります。

【人見知りなワイン】
　抜栓してすぐにはおいしくなりにくい個性を持つワインを表わします。そのためグラスの形状を選んだり、デカンタージュを行なって対処します。
　最初は人見知りでも最終的においしくなってくれればいいのですが、熟成過程で、ちょうどワイン自身が"いろいろと考え込んでいる思春期"に当たってしまったりした場合は扱いが難しく、おいしさが現れないまま進んでいってしまうワインもたまにはあるので注意が必要です。
使用例）
1999年産のこのボルドーは少し人見知りな性格なので、ゆっくりと飲んでいってあげてください。

●

　似た表現としては"寝起きが悪いワイン"もあります。この場合には"早めにデカンタージュをしたり、泡を意識的に立てるように、直接大きなグラスに注ぎ入れる"という作業を行ないます。これは人間に置き換えてみると"起きてすぐ、熱いシャワーを浴びて、コーヒーを飲む"と同じ意味合いがあり、これによってはつらつと動き始め、寝起きの悪さを解消することを狙います。

【打ち解けやすいワイン】
【このワインはプレザン（プレザンタシオン）が上手】
　やる気に満ちあふれた、まさに飲み頃のワインを意味します。香りも「どうですか！」と言わんばかりにわかりやすく現れ、味わいも抜栓してすぐにもたつくことなく、酸味や甘みに加えてその他の要素ともにうち解け合っており、やる気を見せているという状態を表わします。
　おいしいのが飲めるのかどうか？　好みにあっているのかどうか？　このヴィンテージではまだ若いのではないかな？　などといろいろと心配の絶えないゲス

トに対して、「大丈夫ですよ!」と安心していただく際に多く用います。
使用例)
このピノは若いのにプレザンが上手です。

【急斜面駆け上がり系】

　一般的にはアルコールが少し高めで、体力がありヴォリューム感もあるタイプを言います。時間が経過して少しずつ温度が上がっても、デカンタージュしてみても、あまり変化がなく、絶えず耳元で「どーおぉー・でーすーかぁー?」(少し猪木さん的な)と大きな声を出し続けているような感じのワインです。飲むペースが速いと普段の自分が思っているよりも早く酔ってしまうことが多いので、サービスする側も注意が必要です。

【スタートダッシュが良い】

　打ち解けやすいに近い表現です。ただしこの場合は開けてからの変化の出方が早く、そこから少しずつ前にしっかりと進んでいくカベルネ・ソーヴィニヨンやシラー系の品種に使うことが多いです。
使用例)
シラー100%の割にはスタートダッシュが良い。
カベルネ主体の割にはスタートダッシュが良いね(with 笑顔)。

【すりつぶした(〜系の)果実を思わせる香りや味わいがあるワイン】

　いろいろな果実の要素が溶け込んではいないまま存在している状態。ソムリエとしては細かい酸味や渋みを表現する時に使います。
　また、週末の金曜日の夜の9時半過ぎし頃、忙しさがピークに達し、多少の疲れも加わり、より詳しく個別の果実の名前を言おうとして息を吸い込み、さあ説明しようとした時になんと度忘れしてしまい、とっさにフランス語の単語が出ない時など「アプリコットと、えーとえーと、黄色のこの香りの特徴って何があったっけ?」みたいな時に「えーい、まとめてしまうがよいぞよ!」てな感じで用いたりします。
使用例)
黄色の果実をすりつぶしたような香りを持つ白ワインです。

【縁側に座っているような】
　すでにかなり熟成していて、少しずつおいしさのピークから舞台の袖に引いていく過程のもの。ほぼ引退している状態。
　抜栓してから静かにゆっくりと、大きな変化も見せることなく進んでいくタイプのワインにこの表現を用いることがあります。

【首から上に効いてくるワイン】
　白ワインに多く見られる。肩こりが治るという意味では決してなく、度数があるため思っているよりもアルコールが早く回ってくるワイン。顔も赤くなり、呼吸が荒くなることもあります。

【自分探し中】
　少し閉じている状態。香りも控えめというか、本来出るべきであろう状態よりもかなり物足りない。味わいもフラットでこちらも悲しい。
　デカンタージュをしても、グラスの大きさを変えたり、温度の変化を与えたりしてもあまり変化が見られないし、ボトルを持って歌っても踊っても（？）あまり芳しくないので、じっと時間が過ぎるのを待つしかない状態。自分を見つめ直したせいなのか、方向性が定まり近い将来おいしくなる可能性が高いので、2〜3か月後の変化を楽しみにするよりほかはありません。

【このワインが今いる季節】
- 春…これからどんどんと伸びていくもののまだ少し若いニュアンス（青みや硬さ）が支配的。
- 夏…少し落ち着きが感じられ個性が出てくる。アルコールのヴォリューム感は依然として強め。
- 秋…熟成感や落ち着きが現れ、バランスが取れてきて飲み頃を迎える。
- 冬…熟成を重ねて、少し酸味が目立ち始め、ワインとしての最終局面を迎えている。地面に帰っていく前の段階。

使用例）
このワインは今、夏の盛りぐらいです。
訳：個性が見え始めており、今飲んでも楽しむこともできるし、さらにはカーヴに置いておくことで熟成の可能性も感じられる酒質である。

【このワインは人間にたとえるといくつぐらい？】

● 幼少期
瓶詰めされてすぐの状態。黄色い帽子にお揃いのランドセルではないのですが、まだあまり個性というものは感じられず、"元気な、活発な"とか"おとなしい"といった違いがあるくらい。

● 小児期
品種ごとの個性が見られ始めるものの、造り手によるものなのか、土地からのものなのか醸造発酵によるものなのかを判断するにはまだ早い時期。

● 青年期
若者が服装や外観にこだわりを見せるように、少しずつ個性が現れてくる。反抗期や思春期のために閉じ始めるタイプもあり、またそうでないものなど様々。少し将来性などが垣間見えたりもします。

● 中年期
全体が見えてきて、自分がワインとして何ができるのか、またどのような方向性を出すべきなのかがわかってくる時期。外観の色調の変化、香りの出るタイミング、味わいの開き方にはボトルごとの個人差があります。

● 壮年期
香りや味わいがグラスに注いで早いうちから出やすい。熟成による経験を積んできているためか、品質的にも安定し、温度の微妙な違いなどを乗り越えておいしさを表現できる。やわらかい味わいや頑固な渋みなど、後天的（熟成環境など）に身に付けたのかしら？　と思われる個性もわかりやすく出てくる。

● 老年期
香りや味わいの盛りを過ぎて静かな飲み心地になる。ただ個人差があり元気なままでお達者なワインもいれば、そうではないワインも。アルコール分や香りや味わいを形作る骨格や体力はさすがにやさしくなる分、細かいニュアンスの表現に長けてくるようになるワインが多い（縁側に座っているのはこの辺りのニュアンス）。

2．マクシヴァン流　品種の分別法

【白系品種】

● ミュスカデ（Muscadet）…水槽に入れてある水草（?!）のような香り。

- アルバリーニョ（Albariño）…香りに白い花、味わいにビワや少し小粒の温州ミカン。
- ソーヴィニヨン・ブラン（Sauvignon Blanc）…ラーメン屋さんの"葱いっぱい"や浅葱の香り。
- アリゴテ（Aligoté）…夏ミカンの皮の白い部分（ふぅっ細かいな）をやさしく嚙んだ後味。
- ヴィオニエ（Viognier）…ビワ、ライチ、ジャスミンティー、アプリコットのコンフィの香り。
- マルサンヌ（Marsanne）…白樺の樹皮、少し湿らせた白胡椒の香り、滑らかでゆったり。
- シュナン・ブラン（Chenin Blanc）…皮を剥いて出しっぱなしにして、少し茶色がかり始めた頃のリンゴの香りと味わい。
- リースリング（Riesling）…香りには白や黄色のリンゴの特徴、味わいにはやさしい甘みが少し。
- シャルドネ（Chardonnay）…生産された年や場所や造り方によってかなり変化する、あなたまかせな品種。

【赤系品種】
- サンジョヴェーゼ（Sangiovese）…シソの葉っぱの香り、サクランボや小梅の種を舐め続けるような酸味。
- ネッビオーロ（Nebbiolo）…乾いた後味。割り箸を口の中に入れて吸ったような水分の乾き具合。
- ピノ・ノワール（Pinot Noir）…表現力控えめ、口の中で酸の現れるタイミングが早い。
- シラーズ（Shiraz）…ざらざら・こなこな・黒い果実に粉糖を少しまぶしてすりつぶした後味。体力あり。
- シラー（Syrah）…赤みの色調。徳用マッチの火薬の香りと夏休みの花火。
- カベルネ・ソーヴィニヨン（Cabernet Sauvignon）…細かい渋みの支配する力が強い（産地の日照量の影響が大きい）。
- メルロ（Merlot）…ゆったり滑らか、ヴォリューム感。樽が効いているタイプはビターチョコレートの後味。

あとがき

　私が仕事を始めた頃はあまり資料もなく、ワイン関係の雑誌が出るとそれこそ貪るように読んでいました。

　時代も移り、日本で流通するワイン自体も膨大な数になり、電話1本で、翌日には温度管理された環境でワインが届き、インターネットで探れば世界中のワインや造り手の情報、ワインジャーナリストと呼ばれる人たちのサイトからの最新のニュースが手に入るようになってきています。

　そんなワインを取り巻く環境がどんどん変わっていく中で、サービス、接客はもちろん、ソムリエとしてのポイントである"ワインを選んでおいしく提供する"という方法や考え方に対しても、ほかとは違う自分なりの個性や考え方というものが必要ではないかなと、感じるようになってきました。

　このワインに対してベストの温度帯はひとつだけなのか？　グラスはどう選ぶのか？　注ぎ方でワインの特徴って変化するのだろうか？　と毎日の作業の中でゲストの反応を聞いたりもしながら様々な方法を試してきました。もちろん、ワインを尊重し、ゲストを尊重しながらも、私ならではのワインの提供方法ってないのかなと、試行錯誤しながらやってきました。

　セミナーなどの際によく相談を受けるのが、「やる気はあるのだが、教えてくれる人がいない。思うようなワインを扱えない。うちの店では注文するゲストが少ない」という内容です。レストラン・飲食業のワイン係を志すサービスの若手の方々の中で「毎日たくさんワインが出ます。ワイン係としてワインだけに特化して働いています」という環境で働いている人という

のは、実際にはそんなに多くはないと思います。

　しかし、現在では世界中のワインやそれに付随した情報を自宅でインターネットから調べることができます。本もたくさん出版されています。それらを集めて自分の中に蓄積させて熟成させていくことで、自分のサービス・スタイルというか、実際にワインに向き合った際に何をすればよいのか？　が見えてくるものであり、逆にそこがなければワインを扱っても楽しくないのではないかとも思います。

　私自身は家で飲むのとは違う、お店でしか出せない何かがあってこそ、ソムリエの仕事ではないかなと、毎日考えながら続けてきました。私のやり方がベストとか、この方法に限るという気持ちはまったくありませんし、ワインもゲストも毎日変わるので、それに合わせての方法も毎日、毎回、異なり、それこそボトルごとに違うテーマが現れてきます。

　変化という一言ではなく、状況に応じた対応とでも言えるのでしょうか？　そこを探り、それを考えるのが楽しい仕事であると思います。ソムリエという仕事もワインと同様に、将来に来るであろう飲み頃を信じて地道に続けていくものなんだと20年以上この仕事を続けてきて、最近さらに強く感じます。

　本書のタイトルと、現場での私に大きな落差がないように、これからも"サービス"ということを考えながら続けていきたいと思っています。

佐藤陽一

この作品はウェブマガジン『おとなのたまり場ボンビバン』に連載した「ワインを少し感じる暮らし」(2007年6月〜2009年12月連載)をもとに、大幅に加筆・修正してまとめたものです。

佐藤 陽一
さとう・よういち

大阪府出身。料理人を目指し東京、横浜での調理の修業後、渡仏。パリを中心に、サヴォアやバスク地方の星付き店で、料理人としての経験を積む。この間にワインについての興味が深まり、ソムリエ・サービスに関心を持つ。

パリ・ソムリエ協会(ASP)に所属し、毎週行なわれているプロのためのテイスティング会へ参加。世界最優秀ソムリエであるフィリップ・フォール=ブラック氏の経営するビストロ・デュ・ソムリエで研修を重ねる一方、フランス国内の産地訪問やドイツのワインアカデミーへの参加など研鑽を積む。

帰国後はエノテーカ ピンキオーリ(銀座)、タイユバン・ロブション(恵比寿)、オストラル(銀座)などのシェフ・ソムリエを経て独立。ワインに限らず飲料全般をプロデュースするための会社「マクシヴァン」を設立。ワインスクールや各種イベントなどでのワインの講師の仕事や、コンサルティングを行なう。2000年には、ワイン・レストラン「マクシヴァン」をオープン。現場でのサービスを続けながら、多方面に活躍中。著作に『ワインテイスティング―ワインを感じとるために』(ミュゼ刊)。

2005年 第4回全日本最優秀ソムリエ
2007年 第12回世界最優秀ソムリエコンクール ギリシャ大会日本代表
      (同時開催のミネラルウォーター最優秀ソムリエコンクールでは3位に入賞)

ソムリエの流儀
ワインとサービスの現場から学んだこと

2010年10月30日 初版第1刷発行

著者/佐藤陽一
発行者/白井康介
発行所/株式会社 小学館
〒101-8001
東京都千代田区一ツ橋2-3-1
電話(編集)03-3230-9354
　　(販売)03-5281-3555

印刷所/大日本印刷株式会社
製本所/難波製本株式会社

Ⓡ〈日本複写権センター委託出版物〉
本書の全部または一部を無断で複写(コピー)することは、著作権法上の例外を除き禁じられています。
本書からの複写を希望される場合は、事前に日本複写権センター(JRRC)の許諾を受けてください。
JRRC〈http://www.jrrc.or.jp/　e-mail : info@jrrc.or.jp TEL.03-3401-2382〉

造本には十分注意しておりますが、印刷、製本など製造上の不備がございましたら
「制作局コールセンター」(フリーダイヤル 0120-336-340)にご連絡ください。
(電話受付は、土・日・祝日を除く9:30～17:30)

ISBN978-4-09-388153-1
Ⓒ Yoichi Sato 2010 Printed in Japan